Ксенија Марицки Гађански
ЛОГОС МАКРОБИОС

Колекција
ПЕЧАТ

Уредник
СИМОН СИМОНОВИЋ

На корицама

Илустрација с насловне стране књиге о краткој историји грчког језика Јорга Бабињотија (Атина, 1985, на грчком), где је цео наслов исписан на грчком знаковима Линеарног Бе писма, које је било прва од пет фаза грчког језика, касније писаног алфабетом.

Неки радови су са пројекта у Матици српској који финансира Министарство науке.

КСЕНИЈА МАРИЦКИ ГАЂАНСКИ

ЛОГОС МАКРОБИОС

Античке и модерне теме V

РАД

„Речи су наше деца многих људи"
Јорго Сефери (1900–1971)

I

Μνήμη и ἀνάμνησις КОД ПЛАТОНА – СРЖ ЊЕГОВЕ ТЕОРИЈСКЕ БИОЛОГИЈЕ

Центар за философију и културу у Олимпији у Грчкој и његов Научни комитет за организовање симпосија[1], на челу с мојим драгим пријатељем професором Леонидом Баргелиотијем, заслужују све честитке за одлично одабрану тему. Биологија у античкој грчкој традицији још увек је прилично занемарена област истраживања. Вековима су историја хеленске философије, филолошки оријентисана, и класична филологија уопште, скоро потпуно заборављале да се позабаве биолошким знањем древних хеленских мислилаца.

Довољно је само погледати неке енциклопедије и приручнике последњих деценија да би се у то уверило. На пример, едиција *Der Kleine Pauly*, објављена у пет томова шездесетих година прошлог века, нема одредницу *Биологија*. А та едиција је заснована на капиталној енциклопедији у много томова *Pauly Wissowa Realencyclopädie*, а петотомно издање су уредили велики ауторитети Walther Sontheimer и Konrat Ziegler, кога сам као млад асистент имала част да упознам на бонском светском конгресу класичних струка 1969. године.

Исто важи и за оба издања чувеног лексикона *The Oxford Classical Dictionary*, где се, као у *Kleine Pauly*, може наћи *Биографија*, али никако *Биологија*. Тек у трећем издању Лексикона из 1996. године налазимо лему *Biology* (стр. 243), али њу не прати и одговарајући текст, него само упутница на посебне одреднице Лексикона:

– *Anatomy and Physiology*, J. T. Vallance, Sydney, Australia (6 стубаца)
– *Animals, Knowledge about*, J. T. Vallance, Sydney, Australia (6 стубаца)

– *Botany*, John Scarborough, Wisconsin, U.S.A. (4 ступца)
– *Embryology*, J. T. Vallance, Sydney, Australia (2 ступца)
– *Pharmacology*, John Scarborough, Wisconsin (3 ступца).

Све заједно ово износи једва 21 стубац у *Oxford Classical Dictionary*, што је очигледно побољшање и напредак у презентовању природних наука у оквиру класичних тема, али је, у поређењу с историјским, књижевним и другим лемама, још увек крајње недовољно, једва 1300 редака.

Упадљиво је што су свих пет ових одредница написали научници ван Европе, из Аустралије и САД. У Европи се још увек негује претежно филолошка оријентација.

L'année philologique је најбоља и најпотпуније анотирана библиографија за класичне науке, чије су резерве тако несрећно изгореле у огромном пожару који је у Марсеју прогутао магацине великог парископ издавача Les Belles Lettres пре неколико година. Иако опорављена, публикација у овом погледу који нас занима није стајала много боље ни пре пожара, јер је њена секција Sciences naturelles скоро по правилу била јако оскудна, са једва туцетом наслова, а одељак *Биологија* уопште не постоји.

Можда је једини изузетак од овог правила међу овако озбиљним приручницима била публикација *Lexikon der alten Welt* из 1965. у издању Artemis Verlag из Цириха и Штутгарта. У том Лексикону познати енглески класичар D. N. Balme, специјалиста за Аристотела, обрадио је следеће леме:

Biologie (стр. 473–476)
Botanik (стр. 489–493)
Zoologie (стр. 3341–3345)
Zeugungslehre (стр. 3331–3333)[2]

Ако се сабере обим ових одредница, то је око 940 редака на неких 13,5 ступаца. Иако се под лемом Biologie (стубац 476) указује на одредницу Vererbungslehre, која би требало да се налази на ступцу 3226, ње, на жалост, тамо нема, вероватно неком грешком.[3]

Новији часописи, као Journal of History of Biology или Farmacy in History, последње две-три деценије доприносе нашим знањима кроз модерна истраживања древних природних наука. Под насловом *Methods and Problems in Greek Sciences* 1992. године објављени су неки репринти, као и неки новији радови. Такође су објављени и репринти старих издања као што је четворотомна Мајерова (Meyer) *Geschichte der Botanik* из 1854, прештампана 1965, или репринт Келерове (Keller) двотомне студије *Die Antike Tierwelt* (објављиване од 1909. до 1913. године). То све показује да многе нове обраде древне биологије још увек не постоје.

Будући да је биологија несумњиво водећа наука данашњице, време је да отклонимо стари „филолошки" метод у изучавању античке грчке философије. Та философија је, нарочито пре Аристотела, била синтетичка и укључивала је све аспекте живота и мишљења, а самим тим и биологију.

Управо сам изрекла и критику на свој рачун, будући да сам и сама дошла до тога да размишљам о античкој биологији директно из мојих филолошких изучавања. Основни предмет мојих интересовања је била философија језика, или, прецизније, теорија о језику код Грка пре Аристотела, што сам назвала глотологијом, будући да ту област због њене синтетичке природе нисам могла назвати лингвистиком.[4]

Анализирајући Платонове текстове, посебно сам застала код *Филеба*. Иван Гађански и ја смо превели цео дијалог на српски, који је објављен 1983. године.[5] Будући да сам превођење увек сматрала као „темељно читање", прочитавала сам изнова разна објашњења која сам у студијама могла наћи о Платоновој теорији уживања. Посебно ме је привукла загонетка биолошке димензије коју је Платон видео у људском говору, повезујући памћење са језиком и са непроменљивим структурама, које се у човеку репродукују константно. Расправљајући о врстама уживања, Платон пушта Сократа да постави питање да ли је уопште могућно да неко ужива без τοῦ φρονεῖν, τοῦ νοεῖν, καὶ λογίζεσθαι (*Phil.* 21b). Αἱ μέγισται ἡδοναί нису могућна у животу без μνήμη καὶ ἐπιστήμη καὶ δόξα ἀληθής, без њих би човек био лишен πάσης φρονήσεως. О томе и Сократ и његов саговорник Протарх постижу сагласност, али следећи Сократов аргумент (21c) оставља Протарха без речи. Тај аргумент гласи: „Καὶ μὴν ὡσαύτως μνήμην μὴ κεκτημένον ἀνάγκη δήπου μηδ' ὅτι ποτὲ ἔχαιρες μεμνῆσθαι, τῆς τ' ἐν τῷ παραχρῆμα ἡδονῆς προσπιπτούσης μηδ' ἡντινοῦν μνήμην ὑπομένειν". Без памћења или сећања било би потпуно немогуће сазнање о тренутном уживању, ἐν τῷ παραχρῆμα ἡδονή. Не би остало ни трага од тог уживања, μηδ' ἡντινοῦν μνήμην ὑπομένειν.

Моја анализа ставља нарочити нагласак управо на тај израз ὑπομένειν „за/остати", у Аристотеловим *Категоријама* (5 a 28) касније чак уопштено „бити сталан". Може се учинити као да је Аристотел ову нијансу речи преузео од Платонове употребе тога глагола у *Филебу*,

Mneme и *anamnesis* више нису само памћење и сећање као што је то било раније, у *Менону*, *Фајдону* или *Фајдру* (како је представљено у књизи C. Huber-a из 1964. *Anamnesis bei Plato*), него је овде реч о начину на који човек може сачувати φρόνησις и свесност, заједничко искуство душе и тела заједно, а то је означено као αἴσθεσις. Међутим, сâмо тело нема искуства те ἀνάμνησις. Тело може пролазити кроз различите промене сâмо, а да човек није свестан тога што се догађа. Заборав је нестанак памћења (λήθη μνήμης ἔξοδος), те је памћење главни узрок сваког знања. Без памћења би човек био нешто као медуза, πλεύμων, или слично, то јест – несвестан свога постојања.

Модерна биологија говори о неурограмима, или траговима памћења, а то се скоро може упоредити са Платоновим μνήμην ὑπομένειν. Занимљив је и Платонов избор израза πλεύμων „медуза" као примера живота који није достојан човека. То изгледа да је ἅπαξ λεγόμενον, иако је Платон морао знати семантичку повезаност тога израза са πνεύμων.

Следећи моменат на који желим да укажем у том одломку из *Филеба* је λογισμός, који чини искуство трајним. Овде је то пре врста *очекивања*, чак *антиципације*, него што је *размишљање*: λογισμοῦ δὲ στερόμενον μηδ' εἰς τὸν ἔπειτα χρόνον ὡς χαιρήσεις δυνατὸν εἶναι λογίζεσθαι.

Без такве врсте антиципације није уопште могуће да се говори о *сутра* и о *јуче*. Платон инсистира да се τὰ γράμματα καὶ ζωγραφήματα, произведена у нашим душама, не односе само на прошлост или на садашњост, већ такође и на будућност (*Phil.* 39de).

Много касније филозоф Лудвиг Витгенштајн написао је да је немогуће замислити пса који се боји да ће га његов господар ударити *сутра*.[6]

Његово време није било благонаклоно према биолошком приступу у философији, али је Витгенштајн тада осудио тај страх од биологизма. „Eine einseitige Diät", каже он, главни је узрок философских болести. А Витгенштајн је веома био склон Платоновом начину мишљења.

Идеје као хипостазиран садржај појмова за Платона су биле савршене и непроменљиве *парадигме* ствари, иако у његовим каснијим дијалозима оне нису биле само то, већ и *узрок* и *сврха* ствари. За њега је тада *mneme* постала главни принцип у стицању знања о томе.

Mneme је чврсто повезана са језиком и мишљењем. Платон каже: Ἡ μνήμη ταῖς αἰσθήσεσι συμπίπτουσα εἰς ταὐτὸν κἀκεῖνα ἃ περὶ ταῦτ' ἐστὶ τὰ παθήματα φαίνονταί μοι σχεδὸν οἷον γράφειν ἡμῶν ἐν ταῖς ψυχαῖς τότε λόγους (39a). Тако је наша душа слична књизи у коју памћење, заједно с осећајима, уписује те говоре (λόγους). То значи да човек има специфичну способност да искуси, опажа, памти, учи и саопштава, а не само да препознаје или да се сећа идеја.

У овим Платоновим разматрањима ја видим његову „сумњу" о невероватној комплексности памћења, за које се данас зна да је то вечити трансфер информација. Модерна молекуларна биологија тврди да је информација фиксирана у ДНК и да се актуализује путем протеина. На то се може гледати као на „сећање". То је теорија француског научника Жака Моноа (- Jacque Monod), који је 1964. године добио Нобелову награду за медицину у области молекуларне биологије. Он је 1970. године објавио књигу под насловом *Le hazard et la necessité. Essai sur la philosophie naturelle de la biologie moderne,* (Seuil, Paris). Видимо и да модерна биохемија и молекуларна биологија још увек користе појмове и терминологију античке философије, у Моноовом случају Демокритову појмовну опозицију нужност и случајност.[7] Али Моноова књига се више ослања на Платонову антиципацију да у свему што постоји, укључујући и човека, има неких инваријантних структура, које се могу изразити бројкама, формулом или одређеном апстрактном карактеристиком.

Лакше је да овако доживљавамо Платонову философију као целину, него да покушамо да претпоставимо да је пред крај свога живот Платон „has given up the belief in knowledge as recollection" или да то чак видимо као очигледан „shift of interest towards a less metaphysical treatment of epistemological questions" (Guthrie, *History of Greek Philosophy* V 175, 407). Ја се не слажем да се на *anamnesis* гледа као на метафору рађања или као на „full ante-natal vision" Форми, чак ни у *Менону* или *Фајдону*.

Професор Гатри инсистира на διαίρεσις као на методу примењеном у бављењу биологијом, и код Платона и код Спеусипа (410–339. г. пре нове ере), који је био само седамнаест година млађи од Платона. Гатри каже да „we know that zoology and botany were zealously pursued in the Academy". То би се односило на практичну биологију, тако рећи, којом сазнајемо спољни живи свет и његове врсте. То је врста истраживања данас о античкој философији, како сам споменула на почетку овог рада.

Оно на шта сам после тога покушала да укажем је нешто различито од таквог емпиријског приступа. Прво, подсетила сам на Платоново инсистирање на способности памћења и сећања као на главној интелектуалној специфичности код људских бића. Улога памћења како то Платон види, памћења као нечег инваријантног, јесте ингениозна антиципација модерних објашњења генетских структура, инваријантних, које су „запамћене" у геному.

У новије време су изношене разне философије памћења (Мендел, Морган, Семон, Бергсон), које су унеколико и довеле до данашњег схватања генома. Платонова антропологија је у ствари отворила пут данашњим истраживањима. Није случајно Карл Јасперс једном рекао да се цела каснија философија, све до наших дана, пише на маргинама Платонове философије.

Свакако ја не желим да модернизујем Платонову мисао; једино желим да покажем да је Платонов метод размишљања, посебно у *Филебу*, упадљиво сличан модерном научном приступу. И на крају, у прилог томе, да наведем речи Вернера Хајзенберга: „If nature leads us to mathematical forms of great simplicity and beauty... to forms that no one has previously encountered, we cannot help thinking that they are "true", that they reveal a genuine feature of nature" (*Physics and Beyond*, 1971).

2001.

ГОРГИЈА О ЈЕЗИКУ И РАЗУМЕВАЊУ

У дијалогу који носи име овог славног софисте са Сицилије из друге половине петог века пре нове ере Платон бележи да је сам Горгија сматрао говор главним предметом своје реторичке вештине. Позната је и Горгијина мисао да је говор велики моћник. Већ на основу тога, а и податка да је у неким областима античке Грчке глаголу „говорити" (ῥητορεύειν) било синонимно „горгијанисати" (γοργιάζειν), изгледа да се сме помислити како је овај стари професор и дипломата тврдо веровао у веродостојност и свемоћ језичког изражавања. Али како је он у свом дуговеком животу био и философ, оставио нам је, додуше посредно, спомена о својим веома озбиљним сумњама у могућности саопштавања истине помоћу језика, што се, у ствари, само логично наставља на претходне тезе да ништа не постоји и да се ништа не може сазнати. Ове познате Горгијине мисли, садржане и задржане у сваком каснијем теоријском нихилизму и скептицизму, нама су, на жалост, познате тек из извора састављеног близу седамсто година после времена кад их је Горгија формулисао. То је *Седма књига* списа Секста Емпирика *Adversus mathematicos*, најчешће цитирана кад је реч о Горгији. Ређе се помиње други текст, некад приписиван Аристотелу, који је састављен по свој прилици скоро двеста година пре Секста, чији је перипатетички аутор имао више могућности да дође до аутентичног Горгијиног списа *О природи или о небићу*. То је *Трактат о Мелису, Ксенофану и Горгији*, који је, у терминолошком погледу, ближи философском речнику Горгијиног петог века него што је случај са Секстовим излагањем.

У садржинском погледу, међутим, оба су ова извора углавном подударна и саопштавају нам нека сазнања о језику и разумевању до којих се у науци поново дошло тек у време доста блиско нама.

Из тих излагања јасно је да као философ Горгија полази од испитивања језика. То су, уосталом, у нешто ширем контексту, софисти истицали и као први педагошки захтев. Антистен је записао да „почетак сваке инструкције чини истраживање језика". Код Горгије је то јасно на основу неколико језичких парова које гради да би из њих аналогијом закључивао о небићу. Те паралеле гласе:

гледати : предмет виђења
слушати : предмет чувења.
мислити : предмет мишљења.

За разлику од овако преведених израза, у грчком језику сваки поједини пар припада истој лексичкој, заправо, вербалној парадигми, и отуд је јасно да Горгија овде врши језичко поређење, а не онтолошко уопштавање.

Даље се излаже да ми верујемо у оно што чујемо, а да при томе не морамо нешто и видети, и да исто тако верујемо у оно што видимо, иако при томе не морамо ништа чути. За Горгију из овог логично следи да се не сумња у оно што замислимо, макар при томе не било нечега да се чује или види. Тако он заступа тезу да нема интеркорелације опажаја нити интерсензорног трансфера и да за сваку перцепцију постоји специфичан критеријум. Очигледно, са чисто језичких разлога Горгија прави и стварни и логички скок у закључивању од чулног на нечулно сазнавање. Посматран овако, Горгија је претеча Аристотела, перипатетичара и стоичара у формално-логичком закључивању директно изведеном из грчког језика и примењеном на њему. Познато је, узгред да поменем, да је Горгијина психолошка дефиниција трагедије рачунала са ἔλεος и φόβος код гледалаца, иако то обожаваоци аристотеловске традиције у свом превеликом и тврдоглавом поштовању Аристотеловог ауторитета чак ни данас никако не желе да уваже. Сам Аристотел је, у неким другим моментима, скромно истицао колико у логици дугује сазнањима појединих софиста, који су уочили улогу копуле у логичком исказу и форму става именица + глагол са функцијом субјекта и предиката.

Валидност Горгијиног лингвистичког критеријума у таквом формално-логичком закључивању била би умањена знатно да је он уочио постојање синестезије у грчком језику, чије, иначе очигледне, панхроне тенденције и опште присуство, по речима лингвисте Улмана, још ни данас нису у довољној мери констатовани.[1] Тим је мање чудно што Горгија у своје време није уочио овај психолошки и језички феномен, већ је важност језика опасно проширио на гносеолошки и онтолошки терен.

Тако Горгији остаје да се избори са својим строго одељеним појединачним чулним сазнањима и њиховим предметима. Биће је оно што је предмет опажаја; видом се опажа оно што се може видети, слухом оно што се може чути, а не обрнуто. Према томе, није могуће да се некоме другоме разјасни то што видимо или чујемо. И сад Горгија долази до става који звучи изузетно модерно и који би многи данашњи лингвисти потписали. Он, наиме, говори о самосвојности језика у односу на свет ствари: „Оно помоћу чега саопштавамо јесте говор, а говор није предмет и биће; тако да ми не саопштавамо другима ствари већ говор, који је нешто друго него ствари, које су ван нас и које се не могу идентификовати с говором (λόγος)" Говор не оваплоћује оно што постоји ван нас, већ се то спољно обелодањује говором. Нити вид разазнаје звукове, нит слух чује боје, већ звукове; тако је и говор оно што неко говори, а не боја или ствар. Стога се не може рећи да говор постоји на исти начин као што постоје αἰθητά, јер се он разликује од њих и ми га примамо помоћу другог органа. Говор никада заправо не може оваплотити спољне ствари. То је разлог зашто се не може говором другоме саопштити нешто о бићу, чак и када би било могуће да се сазна.

Секстово интересовање за Горгијине теоријске сумње код ове тачке се завршава. Али поменути перипатетички трактат пружа још доста обавештења о Горгијином сагледавању проблема језичког дисконтинуитета, како то данас зову неки лингвисти, (Х. Кронасер. Љиљана Црепајац), а што на посебан начин чини и централно питање у херменеутици. У чему се састоји разумевање онога што је саопштено и како да се то разумевање обезбеди. Или, у формулацији цитираног текста, „како да онај који прима саопштење замисли исто оно што и онај који то саопштење даје". (Данас бисмо рекли и друкчијим терминима: како да се декодира порука, а да се при томе обезбеди идентичност информације која је енкодирана.) Поново се потрже код Горгије онтолошки аргумент да, у случају када би више субјеката истовремено, а одвојено, замишљало *исто*, то више не би било *једно*. Дословно се каже: „Изгледа, наиме, да ни оно што сам субјект опажа у једном тренутку није слично, већ зависи од органа и времена перцепције, а тим мање може неко други у друго време опажати идентично што и он."

Горгија на основу овога није извукао закључак о релативности језика или релативности сазнања, већ о релативности бића. Можда је то један од разлога што овако стимулативне претпоставке о језику нису уродиле богатијим плодом у своје време. Понекад се каже да за Горгију, као касније за скептичаре, постоји провалија између речи, мисли и бића. Ако је тако, онда та провалија и нема другу страну, насупрот речи и мисли.

Да ли се сме рећи да је Горгија апсолутизовао језик? Има нешто чак парадоксално у свему овоме. Јер, како ретор, који је од језика начинио виртуозно средство убеђивања, да као филозоф тврди како се другом не може ништа саопштити? Да ли је он *mutatis mutandis* наслутио оно што се потврђује у теорији информација данас да није иста количина информације која се у обичном језику даје и — прима? Својим чувеним фигурама, познатим у теорији књижевности као „горгијански стил", као да је желео да укаже на посебне психолошке разлоге који утичу на различито доживљавање језичке информације емитоване од стране неког другог. Ако се ове његове мисли о језику као нечем посебном (рецимо: систему споразумевања), што се не може идентификовати ни са стварима ни са нашим чулним сазнањем о томе (иако он њих „обелодањује"), ако се, дакле, посматрају не са филозофског, већ са лингвистичког становишта, постаје мање упадљива његова скепса и мање значајан тон којим нам је то саопштено. Пребацивања ове врсте и данас односе превагу над признањем за трезвене и прецизне ставове о језику не као метафизичком већ лингвистичком феномену и средству уметности. Јер, Горгија је до извесне мере уочио аутономност језика као специфичног средства за споразумевање. Иако језик не одсликава стварност, те није погодно сазнајно средство, у оквиру самог језика могуће је уочити извесне правилности помоћу којих се постиже одређени утисак на слушаоце. На овом нивоу Горгија успоставља суптилну дистинкцију о варирању количине информације с обзиром на тренутак саопштавања и личност којој се нешто саопштава. С обзиром на сву комплексност језичке материје, циљ деловања се боље постиже ако је говорник свестан стилистичких средстава које употребљава. Отуд код Горгије класификација и примена стилистичко-реторских фигура. Колико је ово потекло из теоријских, а колико из практично-говорничких побуда, тешко је проценити. (А можда услед још увек јаких традиционалних предрасуда према Горгији и софистици уопште, о Горгији и нема комплетне научне студије, иако се све више данас може говорити о рехабилитацији софистике.)

Пишући у време када још није било систематске философске и научне терминологије (у смислу језичких назива с максимално одређеном денотацијом), Горгија је уочио релативност и несавршеност свакодневног говора и улогу искуства у разумевању, одакле резултира несагласност фонацијске и акустичке слике речи, то јест дисконтинуитет језика.

Присећам се неког музичког дечјег фестивала, преношеног преко телевизије, на коме је спикер, између осталог, упитао победничку екипу из једног италијанског градића како слонови заправо изгледају. Скоро без устезања, један од тих малишана је узвикнуо „Tutti colorati!". Па како да се разумевање одреди строго?

1973.

„КОЗМОПОЛИТСКА" ИДЕЈА У АТИНИ У 4. ВЕКУ ПРЕ НОВЕ ЕРЕ: ИСОКРАТОВ ПРИМЕР

Када су га упитали где је рођен, Диоген из Синопе је одговорио: „Ја сам козмополита (κοσμοπολίτης εἰμί)", како посведочава податак записан код Диогена Лаерђанина (6, 63) више од пола миленијума касније.

То је за нас први забележен спомен израза „козмополита", али је сасвим могућно да је знатно старији. По значењу припада Диогеновом веку, то јест четвртом веку пре нове ере. Ипак је тешко проценити да ли је то уистину био Диогенов израз или га је смислио Диоген Лаерђанин.

У сваком случају је κοσμόπολις био назив резервисан за неку врсту високог чиновника, како је историчар Полибије забележио у 2. веку пре нове ере за Локре, а из других извора видимо исто, на пример на натписима са Тасоса, Крита итд. У Милету је то била титула ἀρχιπρύτανις-а.

С обзиром да је овај израз био резервисан за употребу у управи и законима, могуће је да је то одложило његову могућу философску и политичку примену и циркулацију. Још је забележен и податак код јеврејског философа Филона из Александрије (око 40. године нове ере), који је употребио женски род придева κοσμοπολῖτις у вези са ψυχαί у смислу „citoyen du monde, cosmopolite" (Баји).

Ако потражимо неки други израз којим би се означила слична идеја, налазимо реч παγκόσμιος „common for all the world" (LSJ), и то у вези са μοῖρα „судбина" у *Орфичким химнама* (34, 20). Као именица ὁ πάγκοσμος са значењем „an entire world" забележено је врло касно, у делу Περὶ ἀρχῶν (*De principiis*) код неоплатонског философа Дамаскија (рођеног око 458. г. нове ере у Дамаску), који је био последњи управник школе у Атини. Ту читамо: „Βουληθεὶς ὁ νοῦς ἕκαστος πάγκοσμος εἶναι" (*De princ.* 279), „Сваки ум жели да буде цео свет".

Наравно да то не означава данашњу „глобализацију". Последњих пет-шест векова изведенице од грчког *kosmos* и латинског *globus* биле су у употреби широм Европе, у енглеском, немачком и француском језику. Шекспирово позориште звало се The Globe.

Речници наведених језика које ја имам, објављивани пре тридесетак година, па и мање, не бележе лему *īлобализација*. У речнику новогрчког језика Јорга Бабињотија из 1998. године стоји грчки превод тог термина παγκοσμιοποίηση. Старији славни речник грчког језика *Proias* нема такву реч, као ни оксфордско издање Ставропуловог *Грчко-енīлескоī речника* из 1996. године.

Ако је сам појам и језички израз стар једва неколико година, како да знамо довољно о једној тако важној појави данашњице као што је παγκοσμιοποίηση? И зашто је тако леп грчки термин козмополитизам замењен мање јасном латинизирајућом речју глобализација? Можда стога што је козмополитизам имао културолошку, позитивну конотацију, а глобализација је најпре била резервисана за економске циљеве, а онда се одједном почела примењивати на штошта, на политику, на цивилизацију. По том, као што је увек случај с појмовима и идејама које нису довољно јасне или су лоше дефинисане, људи, бомбардовани њима с медија масовне комуникације, доспели су до потпуне конфузије, чак и страха да нису довољно модерни ако их не прихвате. Бомбардовање моје земље 1999. године, 78 ноћи и дана (јер је почело у среду 24. марта у 20 часова увече) догађало се под етикетом глобализације.

То је разлог што сам изабрала да говорим о козмополитској идеји у Атини у 4. веку пре нове ере, тачније код Исократа, јер је она имала хуманистичке корене и циљеве, као и последице. Исократ је писао: „Нама име Хелен не изгледа као име народа, већ пре као ознака културе. Ми зовемо Хеленима пре онај народ који с нама дели наше образовање и културу (παιδεία), него оне који су само истог порекла". (Његове речи ће бити мото атинске Олимпијаде 2004. године).

Исократ је био у великој мери одговоран, или боље рећи заслужан, за ширење идеје о културном универзализму и козмополитизму, преко својих списа и путем свога учења. Међу његовим ученицима биле су многе истакнуте личности и државници тога доба који су били под његовим великим утицајем. Не треба заборавити да је он слао посланице Филипу II и његовом младом сину Александру. Део те преписке је сачуван.

Исократ је био стварни претеча значајне епохе у светској историји познате под називом Хеленизам, епохе која је дошла после Александрових похода и победа. Политички идеал Исократов био је хуманизам.

Нема много времена откако је чувени француски хелениста, Жаклин де Ромији, којој се ја искрено дивим, написала да „Исократ, истина је, није био врло интелигентан" (1958), са чим се с њом не бих могла сложити. Једино је истина да се он није занимао за трансценденталне вредности добра или за метафизичке и религиозне импулсе код људи. Оно што је он звао φιλοσοφία било је потпуно различито од Платонових преокупација, није се заснивало на метафизици или на ἐπιστήμη у платоновском смислу, него се ослањало на δόξα τῶν πολλῶν, тј. на здрав разум (common sense) обичних људи. На много места, а посебно у говору *Antidosis* (XV 10, 49), Исократ инсистира да говори о најважнијим и највећим стварима за све Грке, о ὁμόνοια и εἰρήνη. О слози и миру. У другој беседи, *Panegyrikos*, он хвали агоналне принципе атинске културе, који су уткани свестрано у живот Грка, укључујући политику. Стога је он против „затвореног друштва" (како би то назвао Карл Попер) у старом Египту, о коме је написао своју беседу *Бусирид*. Овде бих споменула да се слажем са мишљењем немачког научника Кристофа Ојкена (Cristoph Eucken) изнетом у његовој интерпретацији (1983) „такмичења" између Исократа и Платона, мишљења у коме нема уобичајених „платоновских" предрасуда. Ојкен, наиме, мисли да је Исократов *Бусирид* написан раније него Платонова *Држава*, која је тако била одговор на ову беседу и дијалог с њом. Исократ је ту желео да покаже да је затворено египатско друштво било инфериорније од атинског.

Не бринући се за Платонову конструкцију о државништву заснованом на знању, Исократ је трагао у практичном смислу за извесним панхеленским вођством. По његовом мишљењу,

Грци би требало да се уједине и да под једном јаком политичком личношћу поведу рат против давног и сталног непријатеља – Персије. Мислио је да Персију треба коначно победити и освојити, а сиромашно грчко становништво населити на персијске територије. Предвиђао је позитиван резултат таквог подухвата: домаћи политички немири, проузроковани сиромаштвом, могли би се тако смањити. Познато нам је да се античка политичка теорија јако ретко бавила социјалним питањима, а после оваквих Исократових ставова не може се тако лако говорити о Исократовој „недовољној интелигенцији".

2002.

БЕЛЕШКА О ХЕЛЕНСКОЈ РЕТОРИЦИ И ГЛОТОЛОГИЈИ

Кажу да је Демокрит себе лишио вида не би ли боље сагледавао истину. Некима то сама судбина донесе, као академику Будимиру. Сад кад га више нема међу нама, само се можемо сећати његове мудрости, људскости и чудесне снаге, и јединог савета који је више од пола века давао толиким генерацијама својих студената: „Сваку мисао домислити до краја". Сећати се, с поштовањем, љубављу и захвалношћу.

На самом почетку Аристотеловог списа посвећеног реторици, за који се сматра да поред његове *Поетике* има на европску мисао највећи утицај све до данашњег дана, чак већи и од његове логичке теорије, даје се доста неповољна оцена о свима онима који су пре њега састављали правила говорништва. Аристотел, наиме, каже да су они ту вештину разрадили незнатно и делимично, схватајући у „техничком" смислу само доказе, али не и све остало. Они су се, каже Аристотел, бавили испитивањем утицаја који на судију имају елементи који су изван самог предмета, као што су подозрење, и сажаљење, и љутња, и слични ефекти. „Јер не ваља судију кварити доводећи га до гнева или до страха или до мржње." Аристотел чак закључује да би то било својеврсно фалсификовање коришћених правила *(Rhet.* И 1. 1354 а 11–25). Дефиниција реторике, према томе, уз признање да је она, као и дијалектика, општа и корисна, била би да њена функција *(ergon)* није да убеди већ да сагледа и изнађе која су средства убеђивања доступна у сваком случају (1355 б 7–11).

И без обзира на сам термин употребљен у почетку пасуса, а који се може схватити као да су Аристотелови претходници у том послу били једино компилатори, изгледа да Аристотел не мисли богзнакако о достигнућима хеленске философије у домену реторике. То је, наравно, и разумљиво, јер његов учитељ не само што реторику није уопште рачунао у философију већ је, са позиција философа, водио против ње борбу у *Горгији*, а касније је, суптилније, у *Фајдру*, "књижевно фиксирао за сва времена", како каже тибингеншки професор Х. Хомел у једном свом чланку о античкој реторици. Нешто млађи Платонов савременик, дуговеки Горгијин ученик Исократ, напротив, реторику је називао *philosophia*, "захтевајући тако за њу исти ранг као за дијалектику", која је по Аристотеловој дефиницији контрапункт *(antistrophos)* реторици.

Јасно је да Платоново мишљење о реторици потиче од његовог општег става према софистима. Додуше, мора се унеколико то разумети и оправдати јер су, нарочито у судским говорима, неки софисти давали предност вероватним аргументима, а није их се много тицала истина и њено истраживање. Овде заправо имамо мешање разнородних појава и разних нивоа закључивања у једној недовољно диференцираној и спекулативној и делатној сфери понашања. То је Аристотел и покушао да систематише и разграничи у свом философском курсу реторике, чије су нам белешке вероватно сачуване у тротомној књизи под овим именом. Али основне практичне циљеве реторике у друштвено-политичком животу својих савременика није ни он искључио из свога разматрања. Ту је намену реторика у већој мери почела да губи тек скоро цео век касније (Аристотел је умро 322. године пре нове ере), постајући тада, како каже један енглески стручњак, само схоластичка дисциплина.

Међутим, и без обзира на делимичну оправданост Платоновог става, Аристотел се знатно удаљио од њега и "пошао својим путем, заснованим на традицији софиста, који га је уз примесе сопственог логичког и етичког система довео до зреле и богате презентације у *Реторици*" која је, по оцени Х. Хомела, најзначајнији приручник из те области од свих који су икад састављени и који су до данас незаобилазни.

Аристотелова *Реторика*, као што је познато, иде у ред његових списа који нису били намењени широј јавности. То су такозвани езотерички списи који су нам, сем нешто фрагмената оних других, ексотеричких, једино од њега и сачувани. Неки издавачи овог дела сматрају да завршна Аристотелова редакција *Реторике* спада у време између 329. и 323. године пре нове ере, дакле у последње године његовог другог боравка у Атини, а пред крај живота. Већ сама та два момента, време настанка и намена дела, указују на важност предмета у Аристотеловим очима. Иако и сам дугогодишњи професор, још у Платоновој Академији и за његова живота, Аристотел није заинтересован за појединачно-практичну страну излагања већ за сагледавање принципа које је могуће уопштити у једној овако шароликој области превасходно усменог изражавања. То се дословно и каже у првој књизи да „говор у складу с науком спада у наставу" (1355 a 26), а да је њему циљ да „покаже доказе и говоре помоћу општих појмова". Аристотела не брине сувише примедба, толико упућивана софистима, да се реторска вештина може лако окренути против истине. Он каже да се то може десити и са свим другим добрима, чак и најкориснијим, којима човек располаже, као што су снага, здравље, богатство, војно вођство итд.: све то користи ако се употребљава правично, а штети ако се злоупотребљава и неправично примењује. Важно је што се каже у том истом одељку да је човеку више својствено да се користи говором него телесном снагом, иако се обично сматра срамотом кад неко није кадар да самог себе одбрани својом физичком снагом (1355 b 1).

Ова идеја да је способност језичког изражавања нарочита посебност човекова врло је стара у грчкој философији, и не само у грчкој. У једном староегипатском тексту прочитано је следеће: „Гледање очију, слушање ушију, дисање ваздуха носом, доносе срцу вести. Срце је оно које из тога омогућује да произиђе сваки закључак. А језик је онај који понавља шта је срце смислило. Срце и језик имају моћ над свим што живи, јер се све обавља према заповести коју је срце смислило, која је из језика произашла и која сачињава срж свих ствари" (прев. Д. Глумац). Ово древно учење о Логосу, далеки претеча *Јеванђеља по Јовану* које говори да у почетку беше Реч, познато је данас као *Споменик мемфиске теологије* и неки египтолози га датују у годину 2.780. пре нове ере. Имајући на уму ове прадавне почетке једне глотологије, свом предавању у циклусу *Женелингвисти Југославије*, који је организовао Институт за лингвистику у Новом Саду, дала сам наслов *Логос макробиос* „Дуговеки језик". То је управо концепција која се среће и у хеленској философији и антропологији: постојање језика и говора је неодвојиво од човека и — обрнуто. Код другог човека, код странца, најпре се уочава језик којим говори. Тако, *барбарос* значи „онај који говори неразумљивим језиком", а истом асоцијативном кругу припада и наша реч „Немац", као ознака за човека који је за нас нем јер му ми не разумемо говора.[1]

Али да се вратимо Аристотелу. Не сматрајући потребним да образлаже у чему се састоји та људска специфичност у погледу служења говором, он укратко објашњава на чему почива корист коју људи имају од вештине служења говором. Реторика је, дакле, корисна зато што је истинито и праведно по природи јаче од онога што им је супротно (1355 а 21). И ова се аксиоматска тврдња никако не доказује. Уопште је симптоматично да у свем тако страсном трагању за истином Аристотелови и претходници и последници у философији, па и он сам, и не помињу зашто би истина заправо била јача и зашто оно што је добро мора победити. У сваком случају, реторика помаже да се истина и правда успоставе поново уколико се такав очекивани, природни ред вредности поремети. Злоупотреба реторике у појединим приликама не оповргава основну њену корист како је одређена. „Реторика се може дефинисати као способност да се уоче средства убеђивања која су на располагању у сваком појединачном случају" (1355 b 25). Овакву функцију, наставља Аристотел, нема ниједна друга *techne*: ни медицина, ни геометрија, ни аритметика, нити иједна друга наука, те се реторика не односи ни на какав посебан и специфичан предмет. Она је пре општа методологија за утврђивање онога што је вероватно.

Помиње се у литератури да је по Аристотеловој концепцији реторика „индиферентна" према моралу. Иако није сасвим јасно шта би то требало да значи, не може се сметнути с ума да је Аристотел, као и неки савремени антрополози, на пример Броновски, сматрао да је правичност део биолошке опреме људског бића и да је то социјална доминанта сваке организоване заједнице, која, с друге стране, и постоји захваљујући оваквим природним особинама јединке. А морал је у првом реду однос према друштву, те је реторика као „вештина употребе језика са циљем постизања одређеног утиска" на другог човека такође у директној релацији са друштвом и моралом. А у Катоновој дефиницији говорника као „доброг човека вичног говорништву" (*vir bonus, dicendi peritus*), поред многих наслага старијих схватања, нарочито преузетих од Исократа, није сасвим занемарљив ни Аристотелов утицај. Аристотел је сматрао да само добар логичар може постати и мајстор у реторици, а Кикерон је касније ту тражену перфекцију само проширио.

За Аристотела је перфекција била незаобилазна у реторици у сваком погледу и на сваком нивоу убеђивања: логичком, психолошком и етичком и, наравно, не на последњем месту, у чисто техничком, изражајном. Ту је ваљда и најочигледнији утицај софистике на његову реторику, у питањима језика и стила, којима је посвећена цела трећа књига *Реторике*, која је првобитно, по свој прилици, била посебан трактат. (Ово је само један у низу разлога којима се у новије време залаже за преоцењивање и рехабилитацију софиста и њихових учења.) Овако схваћена реторика чинила је касније основу књижевној критици вековима а, како наводи један амерички стручњак, под јаким утицајем књижевних рецепата реторике није била само драма већ и историографија и биографија, затим епска и елегијска поезија чак у царском Риму. Питањима језика и стила код Аристотела посвећује се пажња и у многим другим списима, на пример: *О тумачењу*, *Прва аналитика*, *Топика*, *О души*, *О песничкој уметности*, и друге у *Органону*. То још увек, и поред множине радова, није довољно проучено, нарочито не са данашњег становишта, и из аспекта савремених знања из разних научних области, посебно лингвистике и семантике, науке о књижевности и других дисциплина. Тесна веза реторике и глотологије схваћене као једног врло широког и сложеног приступа језику у антици, захтева, као и многе друге области античке мисли, темељно преиспитивање и оцену. Као и савременој философији и науци уопште, нису изгледа, више довољни само нови одговори на стара питања. Изгледа да су потребна и нова питања.

1976.

ОД ПРИЈАТЕЉСТВА ДО СУКОБА: СЛУЧАЈ СВЕТОГ ХИЈЕРОНИМА И РУФИНА

Директан повод за овај мој рад је једна реч. Може то изгледати чудно, површно, чак неважно, али је ипак тачно. Једна једина реч, један језички израз, наизглед обичан, иако на латинском. Та реч је religiosulus, ἅπαξ λεγόμενον, а по мом сазнању је прошло сасвим неопажено у свој силној стручној литератури.

Тај израз је употребио Хијероним из Стридона у својој тротомној књизи *Апологија против Руфина* (3, 7). Он је касније постао један од црквених отаца западног римског хришћанства, с Амбросијем, Аугустином и Грегоријем I Великим, који се сви сматрају свецима у тој цркви. Из тог разлога сам уз његово име ставила такву ознаку у наслову, иако то не одговара нашем облику имена Јероним и његовој карактеристици као Блажени у источној цркви. Тако изгледа да је најбоље да поступим као моји професори Милан Будимир и Мирон Флашар у својој књизи *Преглед римске књижевности*. De auctoribus Romanis, 1963, једној од најбољих књига о историји неке књижевности написаној на српском и једном од најбољих историја римске књижевности по мом сазнању. Књига, и поред награда које су јој додељене, и поновљених издања, није никад постала довољно позната и цењена. Аутори у овом приручнику користе име Хијероним, које је грчког порекла, као и друга два његова имена Софроније и Еусебије, уколико су то заиста била његова имена. Тако ћу и ја у овом тексту користити само то његово старо име.

Да се вратимо причи о једној речи. Уосталом, четврти век нове ере био је заиста доба спорења о појединим речима. Довољно се подсетити аријанства и израза ὁμοούσιος и filioque.

Израз religiosulus који налазимо код Хијеронима значи „мало религиозан, делимично религиозан". Како се може би-

ти „делимично религиозан"? Неко ће рећи: „Такво је било време, комплексно, нестабилно, тешко, несигурно, пуно немира и неодређено у сваком погледу – државном, политичком, економском, културном, религијском, идеолошком, језичком".
Да ли су те крупне идеолошке и историјске промене за обичан свет биле важније него несигурност живота, од свакодневних недаћа до бежаније пред инвазијама Гота, Вандала, Хуна, од којих су неки такође били хришћани. Формална победа хришћанства као признате религије у 4. веку нове ере није аутоматски обезбеђивала чак ни голу егзистенцију за многе. Уз то, припадници старе политеистичке религије звали су хришћане „ἄθεοι", атеисти, а хришћани су исти термин користили за пагане и поред толиких богова у које су они веровали. У *Новом завету* на грчком стоји: ἄθεοι ἐν τῷ κόσμῳ.

У текстовима из овог периода ова ситуација се рефлектује, и не рефлектује. Судећи по грандиозном филолошком делу самог Хијеронима могли бисмо закључити, на пример, површно, да је то било време потпуног мира, повољног за филолошки рад.

Али то уопште није било тачно.

Поново, тај израз religiosulus. Хијероним, један од најученијих људи свога доба, polyhistor и doctor maximus, знао је врло добро да чак ни основни придев religiosus, од кога је он начинио дериват religiosulus, нема јасно порекло ни значење, и да је његова употреба и денотација била дијаметрално супротна међу члановима различитих конфесија, као и у случају ἄθεος. Све до данас језички стручњаци се не слажу да ли је латинска именица повезана са глаголом legere или legare, те се у најбољим речницима од пре неколико деценија још увек означава као „obscure", „нејасно" или, у најбољем случају, „вероватно" (Glare: probably connected, even with *ligare*).

А то је знао и Хијероним, велики зналац и поклоник античких аутора Кикерона и Лукретија на којима се школовао, уз Вергилија, Хоратија, римске комедиографе, историчаре и реторе. Он је такође познавао и грчке философе и реторе, најпре у преводима на латински, јер је грчки научио на Истоку целу деценију после свог образовања у Риму. Такође је научио и јеврејски и високо је ценио јеврејски оригинал, veritas hebraica, кад је била *Библија* у питању.

Хијерониму је морало бити познато да су римски аутори, као, на пример, писац комедија Плаут (3/2. век пре нове ере), дакле више него пола миленијума пре њега, користили израз religio у смислу „спречавање, устезање, обавеза". Плаут је био за Хијеронима веома важан, јер је у свом латинском преводу *Светог писма*, касније названог *Vulgata*, Хијероним често користио лексику комичких писаца, као сјајан тип идиома обичног народа. Када је ова реч у сингулару почела да добија додатне нијансе значења „спреченост услед неког натприродног страха, или поштовање", скоро табу, онда је ушао у употребу плурал religiones да би се означили верски обреди, ритуал. Истовремено, Кикерон савесног сведока зове testis religiosus, а обавеза преузета у суду под заклетвом зове се religio iurisiurandi.

Што год да је хришћанин Хијероним желео или морао да мисли о Кикероновим боговима, он је несумњиво знао његову дефиницију у књизи *De natura deorum* (2. 28, 72), где је израз religiosus објашњен малочас наведеним глаголима.[1]

Друкчије објашњење подржавао је, такође у 2. веку пре нове ере, песник и философ Лукретије, који је религију тумачио као извесно обуздавање наметнуто народу због њиховог незнања, страха и немоћи (*De rerum natura* 5, 1188). А Хијероним је био нарочито пристрасан према Лукретију. Како је недавно показао I. Opelt (Hermes C (1972) 76–81), код Хијеронима се могу издвојити мање и веће алузије које указују да је он читао Лукретија, на пример, однос према сновима у његовом тексту против Руфина као и примери којима објашњава оптичку илузију и др. Проучавати Хијеронима на овај начин могућно је само ако се он не третира искључиво као црквени отац и аутор светих текстова. То врло дуго није било могућно. Ни случајно није било допуштено да неко анализира филолошке моделе свеца кога су највећи европски уметници сликали вековима, од Леонарда и Ботичелија у 15. веку, Лукаса Кранаха, Дирера и Ел Грека у следећем, до Рибере, Рубенса, Ван Дајка и Тијепола у 17. и 18. веку, заједно с неизбежним огромним лавом кога је Хијероним наводно излечио. Кад је реч о Кикерону, славан је Хијеронимов очај да ли је он сам хришћанин или кикероновац, када је, са највишег места на небесима, оптужен да лаже да је хришћанин: „Mentiris, ait ille qui residebat, Ciceronianus es, non Christianus" (*Epist*. 22, 30).

„Quae enim communicatio luci ad tenebras? Qui consensus Christo et Belial? Quid facit cum psalterio Horatius? cum euangeliis Maro? cum apostolo Cicero?" (ibid).

Иако каже „omnia munda mundis" (ibid.) „чистима је све чисто", Хијероним обећава да ће се убудуће одрећи Кикеронових књига. На срећу, изгледа да своју реч није одржао. Много касније, он се такође правда: „Origenistes numquam fui" (*Epist.* 84, 4), „Никада нисам био присталица, следбеник Оригенов". Иако Хијероним овде мисли само на специфичну, теолошку, догматску садржину Оригенових текстова, на срећу ни ово његово правдање није било потпуно истинито. Хијеронимов велики пријатељ из младих дана, у ширем смислу чак и његов земљак, хришћански теолог и аутор, Тираније Руфин, приговарао му је касније због његове превртљивости.

Сада ћемо се укратко подсетити њихових биографија.

Хијероним је, изгледа, био рођен између 345. и 348. године нове ере у градићу Стридону негде на терену бивше Југославије. Прецизна локација града није позната, али се налазио или у Далмацији или у Панонији. Стога неки аутори данас тумаче да је Хијероним био „d'origine illyrienne" (*Dictionnaire des religions*, 1985, 1313), не објашњавајући шта би то могло да значи да је био „илирског порекла". Породица му је била богата хришћанска породица, коју је издавач критичког издања Хијеронимових *Писама* 1949. године, професор Labourt, назвао „католичком", иако се тешко тако може означити западна римска црква за 4. век нове ере, јер је тада та реч имала сасвим друго значење. У то доба је придев *католички* значило *ортодоксан*, а ортодоксан је, у ствари, био онај који није био јеретик. За просечног данашњег читаоца Лабурова информација је очигледно погрешна, чак обмањујућа.

Хијероним је послат на школовање у Рим врло млад. За дечака из провинције било је пресудно учење код граматичара Ајлија Доната. Изгледа да се Хијероним најпре припремао за адвоката или за неког високог чиновника у римској администрацији и стога се нарочито трудио да од Доната (касније једног од главних средњовековних граматичара) усвоји Кикеронову стилистичку вештину и Вергилијев римски патриотизам. Хијероним је, са својим пријатељима, уживао у динамичном, чак разузданом животу у Риму у то доба, посебно пре но што се, као младић, крстио. Један од тих његових римских пријатеља био је Тираније Руфин, младић његових година, рођен у Конкордији близу Аквилеје.

Кад му је било тридесет година (375. године нове ере), страсно посвећен аскетском животу у халкидској пустињи у Сирији, Хијероним је написао Руфину своје прво писмо кад је сазнао да се овај налази у Египту. Египатски свештеници су Хијерониму и били инспирација да се посвети аскетизму.

„Rufine carissime", „најдражи Руфине", пише Хијероним с љубављу. Обраћајући се Исусу Христу, Хијероним подсећа Руфина да су они кренули истим путем у младости, иако је он лично касније осетио снажну жељу да се посвети аскетском животу: „Memento, quaeso, istum bellatorem tuum mecum quondam fuisse tironem. Scis ipse... ut ego et ille a tenera paritier infantia ad florentem usque adoleverimus aetatem, ut idem nos nutricum sinus, idem amplexus foverint baiulorum et, cum post Romana studia ad Rheni semi barbaras ripas eodem cibo, pari frueremur hospitio...?" (*Epist.* 3, 5). Из ових редака сазнајемо да су Хијероним и Руфин заједно одрасли у Риму од детињства, да су се заједно школовали (Romana studia) и да су све међусобно делили. Изгледа, такође, да су отишли у град Трир на Рајни, где се налазила друга царска резиденција, заједно с њиховим богатим пријатељем Боносом. „... Ego primus coeperim velle te colere", говори Хијроним Исусу Христу, не објашњавајући како је до тога дошло и зашто инсистира на том свом првенству.

У том далеком Триру, прилично пространом и раскошном граду, Хијероним је сазнао о животу свештеника у Египту и то га је неодољиво привукло. Такву чињеницу данас доста олако узимамо за та давна времена, како су се уопште и којом брзином шириле информације, како су комуникације функционисале и како су финансиране на толико велике раздаљине и у тако бурним временима.

На крају тог свог писма, Хијероним моли Руфина да чува њихово златно пријатељство јер „пријатељство које може престати, никад није ни били право" („amicitia quae desinere potest vera numquam fuit", *Epist.* 3, 6).

Када је, неких четврт столећа касније, припремао своју прву колекцију писама и организовао њихово преписивање, међу прва писма Хијероним је уврстио то своје писмо о дубоком и нежном пријатељству са Руфином. Још и данас се оно наводи као Треће писмо у његовом епистоларном корпусу 154 писма, који је изузетно занимљива лектира, код нас ретко читана и превођена. А то је прави епистоларни роман и добра књижевност.

Али се, у међувремену, пријатељство озбиљно пореметило. Стицајем многих и сложених околности, њих двојица, уместо да остану велики лични пријатељи, постали су огорчени идеолошки противници, а силина њиховог сукоба прешла је границе доброг понашања и пристојности. Тако, писана сведочанства о том сукобу постала су изузетак чак и у светској историји полемике.

Њихова расправа садржала је много биографских детаља које је тешко укратко разјаснити и чија хронологија није увек лака и прецизна. Ти детаљи су толико романтични да би се од њих могла саставити занимљива прича. На несрећу, овом расправом су се јако дуго бавили само теолошки аторитети, који су, пре свега, настојали да оправдају светог оца Западне цркве.

Од 382-385. године Хијероним је боравио у Риму по други и последњи пут. Он је ту стигао с Истока пратећи епископе Паулина из Антиохије и Епифанија са Кипра, који је касније проглашен свецем Источне цркве. Док је био у Риму, Хијероним је постао секретар папе Дамаса, по чијем је наређењу испитао све постојеће латинске преводе *Светог писма*, генерално врло непоуздане (такозвана Versio Itala). Сам Хијероним је касније записао: „Tot exemplaria paene quot codices", „скоро да има толико текстова (*Библије*) колико има рукописа" (*Epist.* 71, 5 из године 398).

Ово папино наређење одредило је главни задатак у Хијеронимовом каснијем животу. Али његов боравак у Риму, у круговима госпођа најбогатијих високих римских патриција из палата на Авентину, које су биле фасциниране хришћанством, аскетизмом и папиним бриљантним секретаром у његовим четрдесетим годинама, створио му је много непријатеља чак и међу римским хришћанским свештеницима. Сами хришћани су се почели бринути да би ова зараза с калуђерским аскетизмом могла чак нашкодити и држави, јер је угрожавала институције породице и ропства. Госпође су делиле своје богатство сиромасима, ослобађајући хиљаде робова (који год да су могли бити стварни мотиви за овакав поступак у тако бурним временима) и полазиле, са својом децом, на далеко путовање до египатских калуђера и Палестине. Сенат у Риму и римска аристократија још увек су већином били пагани и веома поносни на то. А у једној истој породици било је истовремено и пагана и хришћана. Добар пример за то била је Паулина породица. Ова огромно богата удовица с Авентина имала је две кћери, Паулину и Еустохијум, и сина Токсотија. Еустохијум је с мајком кренула на Исток, пратећи Хијеронима, и носећи велики део свога богатства. Двоје друге деце је остало код куће, где се Паулина удала за једног Хијеронимовог пријатеља, „сјајног младог сенатора Памахија". Млада жена је, родивши дете, убрзо умрла, остављајући све своје богатство мужу да га раздели сиротињи. Испунивши њену жељу, уцвељени млади удовац почео је да живи калуђерским животом, облачећи само грубе калуђерске хаљине. Тако одевен, присуствовао је сенатским заседањима, где је постао предмет исмевања својих политеистичких колега сенатора.

Паулин син Токсотије одао се неумереном и расипном животу, од кога га је спасла женидба са ћерком високог римског свештеника Албина. Овај pontifex maximus аристократског порекла, иако паган, дозволио је не само својој ћерци да постане хришћанка, него да преобрати и свог мужа Токсотија, који, и поред силне преданости хришћанству његове мајке Пауле и обе сестре, није претерано марио за хришћанство. Своје прво дете, ћерку, назвали су Паула, по њеној баки Паули Сениор, и посветили је хришћанском богу. О овоме је Хијероним записао: „Ко је могао и поверовати да ће унука pontifex maximus-а детињски брбљати (хришћанско) *алилуја* на задовољство свога (паганског) деде... У таквој хришћанској породици чак би и Iuppiter Capitolinus лично постао хришћанин", писао је Хијероним подсмешљиво (*Epist.* 107).

После смрти папе Дамаса 10. децембра 384. године, Хијероним је био оптужен да претендује на Свету столицу – а он је себе лично сматрао достојним тога („Dignus summo sacerdotio", *Epist.* 45, 3). Тада, оптужен за „модернизам" и крајње строг лични живот – оптужбе које злоба може лако да произведе у било које доба – у великој журби, не опростивши се чак ни са својим аристократским пријатељима, Хијероним је напустио Рим заувек у августу 385. године. Једино је некако успео да понесе своју драгоцену библиотеку. Тада је из Рима отпутовао морем. Када је први пут путовао из Стридона, ишао је копном и није немогуће да је чак прошао кроз царски Сирмијум, данашњу Сремску Митровицу.

Сада је стигао на Кипар и, први пут, у Јерусалим, Hierosolyma, како су га звали, јер је владало уверење да „упознавање са светим местима поменутим у *Библији* доприноси разумевању светих књига". Затим је отишао у Египат и у Александрији упознао ексегету Дидима Слепог, коме је било већ осамдесет година. С одушевљењем га је слушао неких месец дана, а Дидим му је посветио један свој рад. Нешто касније, Дидим је, због својих идеја о преегзистенцији душе, био осуђен заједно с Оригеном. После Египта, Хијероним је отишао у Кајсареју да проучава Оригенове текстове, који су му били неопходни за његов сопствени рад на превођењу *Библије* на латински језик. Грандиозно књижевно дело Оригеново, које је обухватало скоро две хиљаде књига (у античком смислу) оставило је неизбрисив утисак на Хијеронима и трајно обележило његов такође колосалан и бриљантан филолошки рад.

Али су се појавиле велике приватне и теолошке тешкоће.

Руфин из Аквилеје, који је нешто раније провео око шест година са Дидимом, почео је Хијерониму да приговара да се сујетно хвалише својим врло кратким боравком код Дидима.

Поред тога је Руфин, скоро пуну деценију пре Хијеронима, основао манастир на Маслиновој гори с финансијском и другом помоћи римске госпође Меланије Сениор, касније Свете Меланије. Богата удовица Паула, каснија Света Паула, заједно са својом ћерком Еустохијум, помогла је Хијерониму да подигне, за само три године, мушки манастир и женски конвент у Витлејему као његову задужбину, где су три зграде биле за девице, а једна за мушкарце.

Пријатељство са Руфином и заједничка Romana studia, како је описао Хијероним, изгледа да су одавно били заборављени. Модерни тумачи Хијеронимови имају озбиљних тешкоћа да објасне његов текст против Руфина, у коме је за некадашњег пријатеља употребљавао изразе као scorpio, hydra, crassa sus, grunnius, који су јасни и без превођења, а последњи се односе на једну гроктаву животињу. Веома љут, можда стога што је у Руфиновим оптужбама било неке истине, Хијероним га је окривио да фалсификује текстове, преводећи Оригена непотпуно и површно, док је у личном животу арогантан човек и бонвиван, који не долази у град уколико није окружен „гомилом кликтавих ученика".

Не можемо се овде упуштати у расправу о суптилним теолошким и философским основама њихових теоријских разлика. У латинском преводу, који је начинио лично Хијероним, грчког писма свога пријатеља Епифанија Кипарског из 394. године, за Оригенову доктрину је наведено да се састоји од следећег: „Non potest Filius videre Patrem neque Spiritus sanctus videre Filium", како пише у књигама Περὶ ἀρχῶν (*О йринцийима*), *Epist.* 51, 4). Професор Атанасије Јефтић[2] каже да су поглавља 8–9 тога писма касније интерполирана, позивајући се на мишљење академика Георгија Острогорског.

Filioque је учење да се Свети Дух јавља не само из Оца, него такође и из Сина. Према Никејском Симболу вере из 325. године, прихваћеном на Сабору који је сазвао цар Константин као први хришћански владар, Свети Дух се јавља из Оца, а поштује се и слави заједно с Оцем и са Сином.

Ту је израз ὁμοούσιος „исте суштине" употребљено први пут у историји у Симболу вере као небиблијски израз, па стога и није укључен у грчки лексикон *Новоī завеѿа*.

Аријанство је осуђено у Никеји и касније у Константинопољу 381. године, Аријан, свештеник у Александрији, који је умро 336. године, учио је да је Син по суштини друкчији од Оца. Тако, божанске личности имају различиту суштину. Ова метафизичка тема имала је веома озбиљне теолошке, политичке и историјске последице и чинила је централну језгру јеретичких расправа. Сабор у Константинопољу 553. године осудио је као јеретичко учење о преегзистенцији душе, без обзира на то што је сам Ориген умро после затвора у Тиру, где је доживео бруталну тортуру у прогону хришћана цара Трајана Декија.

Епифаније Кипарски, касније светац Источне цркве, написао је књигу *Panarion*, чији је грчки наслов синоним са речју за „наћве"[3]. У тој књизи је он набројао осамдесет јереси против хришћанства, међу којима је двадесет било нехришћанских и прехришћанских, укључујући и старе хеленске философе. Тако је та књига специфична историја философије, коју би данас код нас ваљало превести и проучити. Он је покренуо праву кампању против Оригенових пропуста и грешака и против оних који су их бранили („Origenis errores et dogmata defendentes", Hieron. *Epist.* 51, 3).

Оригенов спис Περὶ ἀρχῶν превео је на латински Руфин, па се Хијероним придружи Епифанију, чак и против јерусалимског епископа Јована. Све то је кулминирало потпуним сукобом.

Остављајући по страни теолошку расправу, која се на крају лоше завршила за Оригена и оригенизам, жестоки конфликт између Хијеронима и Руфина забринуо је целу цркву, али и њихове пријатеље и познанике. Аугустин, са којим се Хијероним касније ујединио против такозваног пелагијанства, писао му је 404. године да је био веома тужан када је прочитао његове одговоре на нападе којима је раскинуто пријатељство славно широм црквеног света: „... Fateor multum dolui, inter tam caras familiaresque personas, cunctis paene ecclesiis notissimo amicitiae vinculo copulates, tantum malum extitisse discordiae... Quis denique amicus non formidetur, quasi futurus inimicus, si potuit inter Hieronymum et Rufinum hoc quod plangimus, exoriri? O misera et miseranda condicio?" (*Epist.* 110, 6).

Уз помоћ заједничког пријатеља, епископа Хроматија из Аквилеје и под надзором јерусалимског епископа Јована, који није подржавао прогањање оригенизма и његових следбеника, дошло је до помирења, званично у цркви, па су се Хијероним и Руфин руковали, уз пољубац помирења. Руфин каже да је то било тешко и болно: „pacem illam summo vix sudore reparatam" (*Apol. de Rufin.* IV 167, II 37, PL XXI 616 A).

Ово врло болно помирење није имало стварног ефекта. Post reconciliatas amicitias, како каже Хијероним (*Epist.* 81, 1), између њих више није било доктринарних контроверзи, али је обновљено пријатељство било само привид. Раније наклоности нису биле обновљене, а дуготрајан анимозитет није ишчезао, бар кад је Хијероним у питању. Тумачи тога периода који су вековима држали страну Хијерониму, данас почињу с објективнијим проучавањем Руфинове личне честитости и искреног држања, посебно после помирења.

Распра између Хијеронима и Руфина, осим за њих двојицу, за све друге је престала да буде важна.

Хијеронимов рад на *Светом писму* резултирао је главним текстом који је римокатоличка црква прихватила на Тридентском сабору 1546. године. Тек 1907. године је папа Пије IX наредио бенедиктинским калуђерима из Опатије Светог Хијеронима да припреме критичко издање *Вулгате*. Хијеронима лично не можемо оптуживати за такозване „Пацовске канале" који су постојали у Заводу Светог Хијеронима 1945. године и касније. Судећи по његовом храбром отпору секуларним и црквеним ауторитетима, можда би жестоки давни калуђер Хијероним и сам био против таквих злоупотреба цркве, хришћанства и свог имена.

Руфинови радови још нису у потпуности сабрани и критички објављени.

На Балкану је у 13. веку настала легенда да је Свети Хијероним пронашао глагољицу, која се понекад назива и scriptura Hieronymiana. Чак је и његов портрет у Ватикану приказан на фресци са словима глагољице. Последица ове легенде је било то, што су неки писци, као Марко Марулић и Винко Прибојевић, тврдили да је Свети Хијероним био словенског или такозваног илирског порекла.

У Задру 1831. године објављена књижица *De la patria di San Girollamo* била је само део велике дискусије о овом питању. У тој књизи на италијанском језику расправљају двојица аутора: Don Giovanni Capor Dalmatino и Don Pietro Stankovich Istriano. Очигледно су то наши земљаци – Јово Капор и Петар Станковић (18/19. век), полихистори и полиглоте, који су наставили стару расправу о Хијеронимовом завичају, а, у складу с неком чудном балканском судбином, задржали су напрасито разилажење и неслагање у погледу обрађиване теме.

Можда предмет њихове расправе треба опет преиспитати, а једном ће можда остати мистериозног града Стридона изронити на светло дана. На овом научном скупу САНУ 1994. године, посвећеном добу Тетрархије, археолози, као и изложба организована тим поводом, јасно показују колико много дугујемо конкретним доказима које они обезбеђују за наша текстуална проучавања.

Још једном бих да поновим зашто сам изабрала да се подсетимо те тужне приче о славном пријатељству и можда још славнијем сукобу између два човека са Балкана, који су постали веома значајни у интелектуалној, културној, књижевној и језичкој историји Европе и света. Мислим при том на целу Европу, не само на њен западни део, како се може учинити због латинског језика и *Вулгате* римокатоличке цркве. Јер, у нашим областима латински језик је такође био у употреби, што се често заборавља. Околност што су наше области биле на тачки где су се велике цивилизације и језици пресецали управо их је чинила тако инспиративним.

Са тетрарсима смо видели како су се политички, војни, архитектонски и други утицаји с Балкана проширили на цео тада цивилизовани свет. У периоду који је непосредно уследио, са Хијеронимом, Руфином и некима другим, ствараоци културне парадигме били су такође рођени овде, на Балкану. А културне и интелектуалне вредности су можда чак и важније, у сваком случају оне дуже трају од политичких и војних. Бар је тако било до сада, уколико нови светски поредак не измени хијерархију досадашњих вредности, обраћајући пажњу само на моћ, доминацију, трговину и профит.

Стога мислим да би требало да наставимо са проучавањем улоге и значаја овог римског свеца рођеног на Балкану, који је младост провео у Риму и на Западу, али је касније четрдесет година живео и радио на Истоку, у Витлејему у Палестини, где је и умро 30. септембра пре 1573 године, 421. године нове ере. Тамо је дефинитивно формиран као хришћанин, већином на хеленским и јеврејским текстовима и на грчким хришћанским писцима.

Однос између Истока и Запада, дефинисан флексибилније на овај начин, био би не само тачнији него и мање штетан и опасан. Најзад, Хијероним је живео и радио у свим седиштима старе цркве, у Константинопољу, Александрији, Антиохији, Јерусалиму и Риму, од којих једино Рим није остао до данас у оквиру касније православне традиције.

Различите димензије старог, хеленског као и римског наслеђа, у Хијеронимовим делима никада нису довољно проучаване из лаичког аспекта. То се нарочито односи на језички део његовог рада и има врло мало компаративних семантичких и лексиколошких студија његових превода, посматраних не као религијски текстови већ као књижевна дела.

1994.

ДВАНАЕСТ ВЕКОВА ТРАГАЊА ЗА ВРЛИНОМ

Временски распон античке историје у коме Карл Јоахим Класен у овој књизи[1] истражује настанак, концепцију и значење основне етичке норме – врлине – у антици обухвата неких дванаест векова, од Хомера до Клаудијана.

Под претпоставком да је *Илијада* настала средином 8. века пре нове ере, од тада па до Клаудијанове смрти вероватно око 404. године нове ере, променило се више историјско-друштвених епоха. Једва да је у време настанка хомерских епова (*Одисеја* је можда састављена око 725. године) уведена писменост, тј. грчки алфабет, који се некако у 8. веку такође проширио на Апенинско полуострво захваљујући грчким колонистима, да би преко етрурског посредништва прешао и неким италским племенима, укључујући Латине.

Очигледно песништво усменог настанка, Хомерово песништво, касније записано, било је основ културног развоја у Грчкој, али и у Риму, где је ослобођеник Грк Ливије Андроник око 240. године пре нове ере превео *Одисеју* на латински. „Столећима је Хомер важио као васпитач Хеладе, а *Илијада* и *Одисеја* су се читале свуда где се грчки говорио или разумео. Већ ђаци су учили алфабет помоћу стихова из Хомерових епова, а касније су слушали о јуначким делима једног Ахилеја или Агамемнона, Одисеја или Хектора. У Хомеровим песмама Грци су видели остварене своје идеале и своја мерила, своје представе о способности и постигнућу, о дужности и части, а кроз те песме ове представе су поколења једно другоме преносила, рапсоди су их изводили, софисти објашњавали, филозофи претресали. Тако Аристофан у *Жабама* (1034–1036) даје Ајсхилу да каже:

божански певач Хомер, шта му је донело највећу част него то што нам је узорно описао положај војски, јунакв снагу и оружја мужева?

По Диону из Прусе, Хомер је „први и средишњи и последњи за свако дете и за сваког човека и за сваког старца", а у трактату *De Homero*, погрешно приписиваном Плутарху, приказан је овај песник као извор свег знања, свих увида и свих идеала.

Хомер је и на Римљане извршио велики утицај. Прва грчка песничка творевина преведена на латински била је *Одисеја*, а, као што сви знамо, код Хоратија се о Хомеру каже:

„Он, шта је лепо, шта срамно, шта корисно, шта не, јасније и боље каже од Хрисипа и Крантора".[1]

Хоратије то пише у 1. веку пре нове ере, вероватно око 20. године, дакле више од седам векова после Хомера. Чак и без обзира на ту огромну временску дистанцу, он му даје предност као стандарду у етичким питањима над каснијим, већ тада чувеним грчким филозофима, представнику ране Академије Крантору (335–275. г. пре нове ере) и млађем Хрисипу, славном стоичару (280–207. г. пре нове ере). Ту се суочавамо с једном карактеристиком античке поезије, особином изразите промишљености, због које се она нешто друкчије чита, проучава и анализира него поезија новијег времена, тачније нашег времена, у којој се не обраћа пажња на слику човека, ни на морално процењивање и хијерархију вредности епохе коју би поезија могла да изражава. Тај праг различитог очекивања не ретко рађа неспоразуме у књижевној критици. Исто тако, антички песник, почев од Хомера, очигледно се не ограничава само на „људско подручје", како каже Класен, него и „искази о боговима имплицирају вредносне представе и судове о особинама вредним труда". Поред позитивних, песник изриче и негативне судове, тако да је слика идеала савршеног човека, за чијим остварењем треба тежити, веома комплексна, далекосежна и занимљива.

За динамичан поглед на скалу вредности хомерског човека, Класен каже да изгледа да се у тој разноврсности ипак даје првенство „снази духа, разборитости и искуству".

Стога Класен развој концепције о пожељним људским врлинама даље тражи, својим минуциозним и продубљеним истраживањима огромне обавештености, код аутора других периода, код најумнијег античког историографа Тукидида из 5. века пре нове ере и великог философа Аристотела из 4. века пре нове ере.

У периодизацији грчке историје већ смо од архајског периода (8–6. век пре нове ере), коме припада Хомер, прешли у класичну Грчку 5. века пре нове ере да бисмо се приближили хеленизму епохе Александра Великог, с његовим учитељем Аристотелом. Стручњаци знају које су се ту огромне промене догодиле, од конституисања полиса и развоја металургије гвожђа до развијеног робовласничког система у стотинама грчких полиса, преко славних победничких ратова над Персијом и невероватног културног успона у 5. веку („грчко чудо") до кризе полиса и светских освајања Александра и македонске државе у 4. веку. После неколико векова бурних хеленистичких промена у државама на три континента – у Европи, Азији и Африци, долази до римског освајања Грчке и ширења римске државе од Британије до Месопотамије, да би у првим вековима нове ере римско царство већ било на путу преласка из колоната у феудализам, док се паганство све више повлачи пред хришћанством. Последњи велики пагански песник латинског језика био је Клаудијан (370–с. 404. нове ере), полугрк пореклом из Египта, који је најпре писао грчки, да би у Риму, прешавши на латински језик, као дворски песник цара Хонорија, остао запамћен као „џин међу књижевним патуљцима свога времена" (М. Будимир). Песник Клаудијан, данас скоро потпуно непознат нашим читаоцима, био је честа инспирација дубровачким песницима, Игњату Ђорђићу и другим, у 17. веку.

Дуже од миленијума су тако Грци, а за њима и Римљани, тражили шта су најбоље особине човека, шта је, ако постоји, савршена врлина, које су уопште главне врлине, virtutes cardinales, како их је у 4. веку нове ере назвао милански, хришћански епископ, Амбросије. Наравно, тиме су највише почели да се баве филocoфи, и отуда велика заступљеност разраде четири главне врлине, како их је формулисао Платон (427–347. г. пре нове ере), затим стоички филocoфи, да би их у међусобном прожимању заступали „хебрејски Платон" Филон из Александрије у 1. веку пре нове ере, Клемент из Александрије (150–215. године нове ере) и Ориген, такође из Александрије (185–254. г. нове ере), рани хришћански аутори, веома утицајни вековима.

Платон је у *Држави* издвојио четири главне врлине: мудрост, храброст, разборитост и праведност; припадници Платонове Академије су се те схеме чврсто држали, а посебно касније стоичари. Третману Платонових врлина у Риму Карл Ј. Класен поклонио је нарочиту пажњу, а што је посебно занимљиво, тај рад је објавио у Кини, посвећен пријатељу кинеском филocoфy у граду у ком је дуго и сам био професор.

Римском традицијом и грчким утицајем у овој специфичној сфери Класен се бави у осам студија, које се односе на истраживање свакодневног живота и његових стандарда у Риму, али и на анализе песничких творевина римских аутора, сатиричара Лукилија из 2. века пре нове ере, једва познатог код нас, затим великог песника Августове културне обнове Хоратија (65–8. г. пре нове ере) и позног Клаудијана с краја 4. века нове ере. Велику пажњу посветио је анализи Кикеронових списа, пре свега због огромног утицаја Кикероновог на каснију европску културу, али и филocoфcким погледима Сенеке Филocoфа, пребогатог, али злосрећног Римљанина пореклом из Кордове у Шпанији,[2] који је био значајна јавна личност и министар, али и веома плодан аутор, „крупна појава не само у царском Риму него и значајна личност европске књижевности чије је дело утицало вековима на потоње писце."[3]

Избор студија професора Класена завршава се са два рада општије природе, *Сūūудиј лаūūинске књижевносūūи* и *Зашūūо класика данас?* У наше време глобалних и огромних друштвених, политичких, па нужно и културних и етичких промена, поставља се у оштром облику питање моралног човека данас, његових стандарда, циљева и идеала. Тешко би се могао навести данас аутор чији бисте избор врлина желели да следите, ако их уопште систематски неко и описује. У празној, тако често коришћеној флоскули у политичком и јавном животу да је

„поремећен систем вредности" и да треба „следити европске вредности", обично уопште није могуће формулисати које су то вредности, које врлине улазе у неки евентуални систем, како се и које вредности као „европске" односе према домаћим, за које није мање сигурно које су и како их одредити. Едукативна вредност овако расплинутих схватања практично је равна нули. Двадесетосам векова после Хомера једноставно није могуће никога означити да буде, као он, „васпитач" људи.

То баш и није похвално за силни технолошки напредак који је, сам по себи, вредносно неутралан, ако се не рачуна једино практична применљивост и свакодневна помоћ. Прогласити Платона и Аристотела „застарелим" (obsolete), како је покушао амерички философ Ричард Рорти (1931–2007) не доноси решење, него је, напротив, избегавање сваке одлуке. А човек је морално биће и врлине су људске особине, иако је у антици било покушаја да се посматрају као „жива бића" (animalia) и оне.

Као што се из свих Класенових студија у овој књизи види, њега занима испитивање терминологије етичких појмова током свих испитиваних дванаест векова. Занимљиво је што се језичка страна тих формулација углавном није мењала, како на грчкој, тако ни на римској страни. Мењале су се само дефиниције, схватања и приоритети, примена и фреквенција појаве одређених израза. Добро би било кад бисмо имали и за српску културу изучену ситуацију о схватањима врлине од првих језичких споменика српског језика до данас.

У Вуковом *Речнику* из 1852. године реч *врлина* је заправо hapax legomenon: наводи се само једном без икаквих примера, уз придев *врли* (= хрли) „добар, јак здрав, tüchtig, probus". Немачки превод уз *врлина* је овде die *Tüchtigkeit*, а латински *probitas*. Немачки израз обично схватамо као *ваљаност*, а латински као *йоштење, честитост*.

Упадљиво је што код Вука за *врлина* немамо *virtus*. Штета што наша историјска семантика није направила неки терминолошки речник за српске писане и усмене језичке изворе свих врста, јер овако није лако рећи кад се *врлина*, на пример, јавља код нас у употреби. Речник САНУ има само примере из 19. века (Сима Милутиновић Сарајлија, Стерија). За народну поезију је још мање доступно у постојећим малобројним публикацијама да се представи вредносни систем народа кроз његову дијахрону фразеологију и лексику. А то би могло бити врло корисно код изграђивања некакве слике о нашим домаћим вредностима, моралу и идеалу.

Врлина је несумњиво значајна етичка вредност. Код Вука има само *вредноћа*, али не и *вредности*. Скоков Етимолошки речник наводи *vrijednost* без назнаке од када се користи. Израз је у „прасродству", како каже Скок, са немачким *Wert*, а старо-црквенословенски израз од истог корена vrědъ значио је „цена". Из анализе најстаријих значења неких речи могуће је стећи извесна сазнања о схватањима људи давно пре но што су писани споменици и настали. Таква врста етимологије је врло поучна, нпр. латинско virtus „врлина" повезано је с латинском ознаком за мушкарца, *vir*, која спада и у војнички речник. У лингвистици је познато да је индоевропски језик имао две речи да означи мушкарца, ратника: једна је сачувана у латинском *vir*, а друга, *nero*, која је имала смисао „племенит", у Риму је ишчезла. Сачувана је у сабинском језику, пре свега у имену Nero. И други италски језици су чували овај израз, као и ведски и келтски. И грчки паралелни израз ἀνήρ, ген. ἀνδρός, некако од Хомера, означава мушкарца у опозицији према жени, као и латинско *vir*. Лексички, ова основа је у грчком била врло продуктивна, осамдесетак изведеница само са првим делом ἀνδρ-, уз тридесетак Хомерових израза са другим делом основе и десетине других композита, у које иде и Александрово име, забележено већ на микенским таблицама грчког језика (тзв. lin B) у другој половини другог миленија пре нове ере. Са ἀνήρ је етимолошки сродно поменуто сабинско име Nero, као и неки изрази у осачком, келтском, јерменском језику. Пјер Шантрен, велики француски компаративни лингвиста, објашњава да је давна индоевропска ономасиологија означавала човека оживљавајући његове најмаркантније особине као ратника, док је други израз, *vir*, који грчки није очувао из индоевропског, означавао само човека мушкарца. С обзиром да је грчка реч за храброст ἀνδρεία од исте основе као ἀνήρ, јасно је зашто Хомер ту особину рачуна међу најпожељније, као и Платон, уосталом, и већина каснијих мислилаца који су се у антици бавили питањима врлине.

Слично важи и за грчки израз за *врлину* ἀρετή, који већ код Хомера означава особине човека ратника, како његове телесне квалитете, тако и особине срца. Касније је означавала сваку заслугу и вредност уопште, нпр. славу, божанска чуда, али понекад и особине животиња или земље, како пише Пјер Шантрен. Он закључује: „Та реч има велики значај у историји грчке мисли. Хомерски човек живи и умире да би отеловорио одређени идеал, одређену супериорност чији је симбол реч ἀρετή; али та ће се *врлина* ускоро изразити у цивилизацији заједништва у полису. На крају, са Платоном, ἀρετή је укључена у један философски и морални систем и биће у односу са ἐπιστήμη овога философа". Реч веома ретких сложеница у грчком, остала је заправо без етимологије, али је у целини била предмет многих философских и научних истраживања у наше време.

Наш израз *врлина*[4] Скок повезује са глаголом *врити*, где основа vr- са суфиксом – l даје облик *вр'о, врли* човек: добар, јак, здрав, уз који Вук наводи и *хрли* (у Приморју и Црној Гори) с истим значењем, и додатним: брз. Тако постаје очигледнији списак позитивних црта који српски израз асоцира. У повезивању с другим језицима етимологија за ову реч је недовољна.

Уз *врлину* ваљало би размотрити и опречне појмове, као *мана, грех, порок* (нема код Вука) и сл.; али не располажемо систематским приручницима о њиховој хронологији, дистрибуцији и фреквенцији. Доста је чудно што се *мана*, турскоперсијског порекла, јавља тек у 19. веку, тако да српске ознаке за недостатке код човека треба друкчије тражити.

Симптоматично је да се о манама највише говори на крају, у Класеновом тексту о „последњем великом представнику римског песништва", Клаудију Клаудијану, који је умро почетком 5. века нове ере. Тако гласи и наслов рада: „Врлине и мане у Клаудијановом песништву". За разлику од већине овде заступљених аутора, њега је најтеже разумети без биографских и историјских детаља.

У Клаудијаново доба римско царство је већ подељено на Источно и Западно, под влашћу младих царева и браће, Аркадија на Истоку (ступио на престо са 18 година) и Хонорија на Западу (ступио на престо са 11 година!). Њихов отац Теодосије, велики војсковођа шпанског порекла, поставши цар 378. године, успео је, на само годину дана пре своје смрти 395.

године, да успостави своју власт над оба дела царства. Прави владари су у Риму Хоноријев „регент" Стилихон, некадашњи саветник цара Теодосија, Вандал пореклом, а у Константинопољу Аркадијев „чувар" по налогу његовог оца, Руфин, пореклом из Галије. Непријатељство Стилихоново према Руфину кулминирало је убиством несрећног Гала у присуству самог цара Аркадија. То је историјска сцена која је потка Клаудијановог песништва, по свој прилици крајње пристрасног према Стилихону. „Клаудијан је један од последњих Римљана који воле прошлост великог града и верују у његову славну будућност", каже чувени руски историчар антике Машкин. Цар Хонорије се оженио Стилихоновом ћерком Маријом, а Стилихон је лично и за Клаудијана одабрао богату невесту Серену. Панегирици које је млади Клаудијан писао својим заштитницима донели су му титулу vir clarissimus, бронзану статуу на Трајановом форуму и богатство. Иако чврсто везан за класичну традицију, Клаудијан по мишљењу професора Скорфилда, можда није био паганин у толикој мери колико је Свети Аугустин претпоставио. У сваком случају, он није порицао вредности старе културе и традиције, како су то углавном радили хришћански аутори тога времена, чак рушећи старе храмове. Царство је растрзано у свему, између силних напада „варвара" и унутрашњих криза, између старе паганске религије и нове хришћанске, и саме жестоко подељене на секте, између Истока и Запада. Да ли људске и врлине и мане у оваквом свеопштем вртлогу могу заиста утицати на догађаје како је изгледа веровао песник Клаудијан, не вреди ни размишљати. У сваком случају, Клаудијанова прерана смрт око 404. године, са непознатих разлога, спасла га је од горког сазнања да је само четири године касније његов моћни заштитник Стилихон погубљен због погрешне процене да ће му мир са визиготским вођом Аларихом и договор с њим против Константинопоља осигурати превласт.

Клаудијанов термин за ману је *vitium*, и он наводи дугачки низ огрешења о морал и етику. Занимљиво је што се овај израз односи у латинском најпре на физички недостатак код човека, *deformatio*, како каже Кикерон, али се користи у значењу *īрешка* и *īрех*. Уосталом, и у француском језику је сачувано то двоструко значење: *шелесна мана* и *йоīрешка* (défaut). Међутим, латински израз имао је и култну употребу, у језику аугура значио је „знак или предвиђање, супротно или неповољно, добијено преко животиње с деформацијом". Клаудијан очигледно није имао, како је било у случају врлине, вишевековну теорију о хијерархији мана, посебно не у моралном смислу и он је формулисао како му је изгледало опортуно. Смисао моралне погрешке имао је стари латински израз *peccatum*, који је нарочито у хришћанској цркви убрзо постао и остао уобичајен и јако фреквентан. Уосталом, и за српско *грех* је прасловенско значење било „недостатак" (fehlen: Скок), али је теолошко хришћанско значење потпуно преовладало.

Ово је само подсећање на могуће даље импликације у раду после упознавања с једном драгоценом књигом о схватањима врлине код Грка и Римљана (а и мана и греха), које су несумњиво биле уткане и у нашу народну, а посебно писану традицију.

На крају треба дати објашњење о транскрипцији античких имена која је примењена у овим преводима. Она се, с мањим изузецима (нпр. Цезар, Август), држи схватања и праксе у чувеном приручнику Милана Будимира и Мирона Флашара *Преглед римске књижевности*, где је примењен класични изговор, како се већ дуго ради у целом свету, уз нејасне, неразумљиве и неосноване отпоре неких наших кругова из других струка. Приређивач ове Класенове књиге био је тада у прилици да као студент сарађује с професором Будимиром на поменутом приручнику и у обавези је да следи захтеве свога учитеља у том послу. То је, уосталом, потврдило и Саветовање на исту тему које је Друштво за античке студије Србије организовало 30. септембра 2007. године. Рукопис целе књиге за штампу је припремио Иван Гађански, а археологу Александру Јовановићу захваљујемо за слику римског новчића са представом Августовог штита.

2008.

APEIRON – PROGRESSUS IN INFINITUM: PERAS

Занимљиву тему границе у свим временима и областима покренуло је Српско философско друштво као предмет расправе овогодишњег састанка у оквиру Бранковог кола. У образложењу председника Друштва колеге Радета Калика са текстом колеге Гордића наглашава се да се тај појам „данас најчешће везује за своју географску или геополитичку димензију", али да сигурно представља један од најдревнијих философских појмова (πέρας)". Такође се уочава да је, после свих корисних упућивања на значај граница кроз историју философије, од Платона до Хегела и Канта, и у бројним доменима новије мисли, наведена на крају поново хеленска философска алтернатива да ли нешто постоји φύσει или λόγῳ тј. θέσει, чиме су се нарочито бавили софисти. Мислим на завршно питање из текста образложења да ли је граница природна или конвенционална категорија, што је заправо опозиција φύσει – θέσει.

То поставља јако многа питања, почев од првог – да ли је „граница" уопште данас философски термин. Ако је судити по Блекберновом *Оксфордском философском речнику* из 1994. године, преведеном и код нас већ 1999, није. Лаландов *Технички и философски речник философије* из 1956. има одреднице limite и final, уколико је то на шта се мисли под нашим насловом.

У Речнику САНУ под *граница* (3, 568 из 1965) на скоро 2,5 ступца од свих примера наводи се само један цитат који се можда може тумачити у смислу који нас занима. То је реченица Милана Ћурчина, објављена у броју 3 Српског књижевног гласника на страни 475. (Фебруара 1901. године изашао је први број; пошто је лист излазио два пута месечно, број 3 је ваљда из марта исте године. Како наши приручници, па ни овај Речник, најчешће не доносе комплетне податке, без детаљних истраживања тешко је одмах констатовати све елементе). Ту се код Ђурчина каже: „Они немају ништа против реалности новога правца, али само док је она у границама естетике уметништва". Штета што не знамо ни ко су они ни који је нови правац у питању, можда би било занимљиво пронаћи тај прастари број Српског књижевног гласника, за шта ја нисам имала прилике ни снаге на 45 степени Целзијуса у Београду овог лета.

Ова примедба о лексикографској хронологији није само професорска ситничавост, него питање битног саопштења које се не уочава, пренебрегава. Невоља са речницима је уопште слична, посебно од када се неколико векова израђују речници класичних језика грчког и латинског језика. У свим тим речницима се античка епоха обрађује као хронолошка целина, тако да је тешко, ако не и немогуће, разлучити семантички развој језичких израза током неких петнаестак векова. За грчки језик, од како је 1952. године установљено да је језик тзв. линеарног Бе писма из 14. века пре нове ере архаична фаза грчког језика, тај распон покрива и пуна два миленија до Византије.

Ово поново није схоластичко питање, него нов могући приступ семантичким изучавањима. Јер у основи анализе термина је лингвистичка семантика, или, како би рекли Михајло Марковић и Лудвиг Витгенштајн, теорија значења је у ствари философија.

С обзиром да сам ја посебно заинтересована за овај терминолошки семантички аспект, предложила сам да погледамо како стоји с употребом овог израза у текстовима.

Занимљиво је да је Бониц још 1880. године уочио овај хронолошки моменат кад је у Index Aristotelicus (577) написао: „Πέρας καὶ τέκμαρ ταὐτὸν κατὰ τὴν ἀρχαῖαν γλῶτταν", изрази πέρας и τέκμαρ су исто у древном језику.

Мој рад се бави анализом термина за *границу* и *безгранично* у античким грчким писаним изворима. С обзиром да се израз *apeiron* употребљава најраније у књижевним текстовима (Хомерови епови *Илијада* и *Одисеја*, Хесиод, Пиндар), јасно је да примарно значење није било философско. Стога треба проучити дистрибуцију појма у разним текстовима док не постане философски термин.

Слично је и с појмом *peras* који се јавља тек с Ајсхилом и Еурипидом (5. век пре нове ере), те излази да се ови термини не преплићу и не укрштају непосредно у философској употреби.

Други део рада је могао бити посвећен проучавању оба појма и термина код Аристотела, у складу с образложењем теме уз позив „О граници", али о томе сада нећу говорити, јер је Јова Аранђеловић то експлицирао у раду у коме је превазишао сам себе. За то је потребно дуже излагање.

Само бих подсетила да Барнет у својој књизи *Early Greek Philosophy* из 1920, код нас непотребно преведеној пре неку годину, инсистира да је apeiron код Анаксимандра (око 610. г. пре нове ере) просторно бесконачан, а не квалитативно неодређен, како неки тумаче. Аристотел је цитирао његово схватање: ἀπείρου δ' ὄντος τοῦ ἔξω, καὶ σῶμα ἄπειρον εἶναι δοκεῖ καὶ κόσμος и даље ἀριθμὸς δοκεῖ ἄπειρος εἶναι – светови су небројени у козмосу, биће је споља бесконачно, као и његово тело, јер Аристотел увек говори о материјалном узроку. То је била врло сложена мисао и само је невероватна грчка наивност могла овако нечим апстрактним да се уопште бави, што се све више испоставља да је било генијално.

У то време, као што сам већ споменула, apeiron и peras још нису били терминолошка опозиција. Као занимљив додатак навела бих мишљење код Питагороваца да су на њиховој листи супротстављених ствари били наведени светлост и тама, то јест ватра и ноћ као граница и безгранично, што помиње и Парменид.

Навела бих и неколико објашњења о настајању концепције израза *границе* у разним језицима, укључујући и српски, наравно.

Сви су се овде јуче и прекјуче сложили да је појам границе универзалан и, како је нагласио колега Бојан Јовановић, „природа и култура су границе које човек одувек поставља".

Језик не доказује да је баш било тако, или макар показује да је то схватање и разликовање напредовало јако тешко и споро. Као што је поменуо и Бојан, и дете тешко уочава шта није *оно* него неко други, и дан-данас.

Појава рода у језицима показује да је страшно тешко ишло с уопштавањем разлике међу половима, тако да граматике имају као примаран само један облик из кога се много касније издваја женски граматички род и формално преплиће са средњим. Узгред, мислим да се код нас погрешно говори о „границама рода" у живом свету, јер се то може формулисати само као „границе међу половима"; род је резервисан за граматику и језик. Стога се не може говорити о родној равноправности, него само о полној.

И разграничење бројчаних величина у језику показује првобитно и дуготрајно слепило, да тако кажемо. Човек није могао да постане свестан очигледне чињенице да има 5 прстију, него је упорно бројао до 4, значи без палца. То показују сви индоевропски језици, а код нас је и данас очигледно у парадигми: један човек, два, три, четири човека, пет људи. Тако *пет* већ постаје множина, то јест неизбројиво. Неки наши површни спикери олако данас мењају нарочито ову миленијумску особину српског језика, па са Студија Бе, који, на пример, најчешће дају временске податке, стално дувају ветрови од два и три *метара*! У множини!

Бојим се да немам времена да дуже наводим примере. Ево само неколико. Српски израз *граница* је деминутив од *грана* и у овом данашњем значењу је забележен још 1499. године. Ни одговарајући француски изрази, нпр. frontière, нису знатно старији. Уз то је необично да је немачки језик свој древни израз marka, који је сродан с латинским изразом margo, пре више векова заменио речју Grenze, преузетом од Словена.

Уз границу, с којом је сродан по пореклу и израз грозд, а све од корена *ghro- „стршати", код нас Вук у истом значењу наводи и *међа* и *крајина*.

Међа је истог порекла као μέσος, medius и Mitte у грчком, латинском и немачком, па тако добијамо онај средњи пут који хоће Јован Арађеловић.

О томе би ваљало опсежно говорити, на пример, да је међа означавала дрво и шуму, јер се то слутило као граница. Али да споменем крајину, која јесте граница, али јесте и рат. Код Вука стоји: крајина: граница; рат, der Krieg, bellum, са примерима из народне песме:

Ој крајино! крвава аљино!
Крвав био, ко те завргао –

Вук даје и глагол крајинити (v. impf.) Krieg führen, bellum gero, са примерима:

> И краљеви с царем умирише,
> Те се нема с киме крајинити –

Именица од ове основе код Вука је *крајињење* „die Kriegführung, τὸ bellum gerere".

Али и француско frontière такође је повезано с ратовима, што показује реч за front. А то није случајан семантички моменат; имамо и изразе код Хомера где се глагол τείρω у *Илијади* наводи као ратни термин, а од тог глагола су настале већ поменуте речи за границу τέκμαρ и τέρμα. Још је лепше што и санскртска реч за тај појам значи и крај и конац, али и циљ и мета.

Римљани су имали и бога Terminus, што је корадикално са поменутим изразима τέρμα и τέρμων, тако да то указује и на религијски моменат у схватању границе. Чудно је што је већина других израза за границу, нарочито у латинском, као limes или finis, без правог етимолошког објашњења.

Ја сам само желела да укратко укажем на тежину питања око граница. Мало ми је жао што се наш скуп претворио у симпосион о Канту, уместо да пробамо да разговарамо која нас све мука чека око разних наших граница, како су рекли Јова Аранђеловић и Алекса Буха. Али нас чека и мука око језика, књижевности и писаца, и не зна се заправо ко је надлежан да све то координира и у којим границама. Ових дана смо видели да је каталогизовање српских писаца код бивше браће крајње проблематично. У страним антологијама је права јагма око својатања, по принципу ко пре девојци његова девојка. А зна се ко је *пре* у хашком бе-ха-ес језику, док ми мирно водимо академске разговоре о Кантовим схватањима. Лепо је то, увек смо ми били добри ђаци, али како је показао Света Стојановић јуче, треба мало да покушамо да будемо у нечему и учитељи.

Завршила бих с једним поређењем. Пре краћег времена прочитала сам научни текст о зоологији, о пчелама и мравима. Заинтересовало ме тумачење о њима где се каже, да пчеле и мрави појединачно нису мудре јединке, али њихова заједница делује и ради мудро. Са Србима као да је управо обрнуто: код нас је сваки појединац мудар и генијалан, али нам заједница најчешће шанта.

Да ли то можемо, најзад, да променимо? За заједницу? Нарочито у свету у коме 9,5 милиона богатих држи ресурсе 80% светског становништва, а можда и више, од 6,5 милијарди. И кад је прича о демократији већ увелико прерасла у стварност метадемократије. Навешћу свој текст објављен у Политици (22. 2. 2007):

Шта је то метадемократија?

Већ дуже слушамо са разних страна и од разних инстанци из света да је нужно у државним и јавним пословима примењивати демократију, поступати демократски. При том се углавном, изгледа, мисли на вишестраначке изборе и слично организовану власт.

Рачуна се ваљда да је народу, или како се због нечега данас говори: грађанима, савршено јасно шта значи демократија. Да ли је баш тако? И да ли баш то данас значи демократија? Све је више озбиљних аутора који то доводе у питање. Управо је објављена у Грчкој књига британског аутора Колина Крауча под насловом *Метадемократија* (енгл. Post-Democracy) у којој он каже и следеће: „Крајем деценије 1990. године у већини земаља индустријског света и независно од партијске легитимације владе, државна политика почела је све више да служи интересима богатих – групацијама које профитирају од неконтролисаног функционисања капиталистичке економије, а не интересима оних којима је неопходан известан степен заштите од те економије" (стр. 49, на грчком).

Ова промена у самој природи демократије нужно има утицаја и на схватање појма и дефиниције. Политиколози и социолози овог усмерења у новије време нарочито указују на комерцијализацију образовања и других јавних служби у Европи (в. књигу *Commercialization of Citizenship: Education Policy and the Future of Public Services*, Лондон, 2003).

Да ли то значи да промене које сви код нас траже иду у овом правцу који многи теоретичари у Европи здушно критикују?

Септембар 2007.
Сремски Карловци

ВЕРСКА ТОЛЕРАНЦИЈА НА БАЛКАНУ И ПРИРОДНО ПРАВО

На првом месту, тема о природном праву је огромна, али незаобилазна ако хоћемо да говоримо о толеранцији. Будући да није могуће да то излажем глобално, рекла бих само укратко и на конкретним примерима о неким његовим теоријским почецима код хеленских софиста у 5. веку пре нове ере, чија важност као да се управо сада реактуализује. Данашња концепција униформних „људских права" која треба да буду универзална (по не знам чијој одлуци и од када), очигледно укључује и појам природног права које се заснива на људској суштини, независно је од времена и околности. Такође може бити супротстављено државном праву израженом кроз позитивно законодавство, које подлеже и историјским променама. Хеленска књижевност (на пример у Софокловој *Антигони*), философија, право и друге духовне области страсно су се бавиле овом појмовном опозицијом. При том су се припадници концепције природног права поделили у две струје, једна, коју су представљали Антифонт и Хипија, и друга, чији су главни заступници били Сократов ученик Алкибијад и Платонов рођак Критија.

Прва струја захтева остварење природних закона за све, изражених у слободи и друштвеним једнакостима свих људи. Друга струја сматра да је јаким личностима дозвољено да раскидају окове закона и обичаја у своме личном развоју, па и на штету других, као што, на пример, чини Раскољников код Достојевског.

За прву струју нарочито је чувена једна Антифонтова реченица, с обзиром да су управо историјске околности учиниле да баш ни један једини целовити текст ових софиста и првих правих великих хуманиста у историји не буде сачуван. То само за себе много говори о толеранцији кроз историју. Та реченица гласи: Physei panta pantes homoios pephykamen. Њу је само наизглед лако превести са грчког, па сам је зато и оставила у оригиналу.

Зашто кажем да је ову реченицу само наизглед лако превести? Буквално, ко год зна грчки, види одмах да то значи: „Од природе смо сви у свему једнако настали". Антифонт је хтео управо то да изрзаи – да је апсолутно природно што смо као људи сви у свему једнаки. Он је то и даље образложио на следећи начин? „Јер сви ми удишемо ваздух устима и носем" – тачније, како је он рекао, прецизно, ноздрвама.

Наравно, рекли смо да се од генијалних софиста слабо шта сачувало, тако да су ове реченице прилично изоловане и извучене из контекста. Али и тако, оне остају најстарија потврда о концепцији људских права, формулисаних из чисто теоријских, ако хоћете, логичких препоставки, без социјалних, а још мање без политичких конотација. То чак није била ни теоријска основа грчке демократије, која је настала раније и из других, друштвено-конституционалних и многих других разлога. Античка демократија није могла да води о овим идејама рачуна с једноставног разлога што је то била робовласничка демократија. И стога су, између осталог, социјални и политички теоретичари, као Сократ, Платон и Аристотел, били изразито против софиста и огромно су допринели нестанку теоријских философских радова можда једног од најгенијалнијих људских нараштаја у историји, какав су нараштај били софисти. Државно-правна теорија тога времена објективно вероватно и није могла да усвоји чисту теорију о природном праву, а још мање да се залаже за њену примену.

Чак и код нас у прошлом веку, кад је Стерија био професор природног права на новооснованом лицеју у Крагујевцу 1840/41. и 1841/42. школске године, била су разумљива социјална ограничења ове идеје. Стерија каже: „Чисте демократије нема, јер малолетници немају права гласа, а женског рода особе морају искључене бити". Кад би још постојали робови, не би било неке веће разлике у толерантности приступа између 5. века пре нове ере и 1840. године. А Стерија је био сасвим у европским токовима свога времена, и нама данас нимало не служи на част што чак ни тај његов обимни рукопис о праву од неких 226 страница није још увек штампан.

Тим пре што у последње време и у свету и код нас „оживљава интерес за природно-правне идеје", „за многе неочекивано", како у својој пре који месец објављеној књизи о Жан Жаку Русоу и природном праву каже Гордана Вукадиновић. Књига је врло корисна и занимљива, једино се ја лично не бих сложила да је то интересовање тако неочекивано, с обзиром на милитантну политику такозваних „људских права" неких великих сила, политику која озбиљно прети да вредност саме идеје у пракси трајно извитопери.

Сада мислим да треба мало да обратимо пажњу на даља терминолошка питања других израза из наслова, да видимо заправо о чему ми то разговарамо, или треба да разговарамо поводом питања о верској толеранцији на Балкану.

У наслову се издвајају још три елемента: толеранција, улога религије, Балкан.

Да почнемо од краја. Шта је Балкан? Ја не знам шта је Балкан. Не знам шта је све Балкан, нарочито не у овом контексту. Ми за овај скуп уопште нисмо омеђили ни дефинисали предмет свога разговора и говоримо углавном о нашој земљи, и то највише с негативним конотацијама. Скоро потпуно недостаје историјски приступ. Наравно да недостаје, али с тим није тако лако изаћи на крај.

У једном свом раду под насловом *Из историје религије и атеизма у антици* од пре неколико година (објављеном у часопису новосадског Филозофског факултета Истраживања XIII за 1990) ја сам израчунала да се код нас једва нешто више од 1% од свих радова са религијском тематиком објављених од 1946. године односило на историју религије. И можда одмах да објасним да се критички однос према званичним веровањима у писаном облику јавља још од Сумера и семитских клинастих текстова у трећем миленију пре нове ере, и, некако истовремено, код старих Египћана, на пример у *Разговору човека са својом душом,* како је код нас преведено. У том раду сам указала иа недовољно испитану употребу термина ἄθεος у првим вековима нове ере, кад је божанство, према коме се безбожност испољава, дијаметрално супротно код паганских и хришћанских писаца тога времена, нарочито у 2. веку. Они су, наиме, једни друге жестоко, и то крајње нетолерантно, оптуживали за атеизам. Чак и у *Новом завету* у грчком тексту ἄθεοι односи се само на пагане, а на другом месту у *Поликарповом мучеништву*, каже се „Нека се носе атеисти" – при чему се мисли на хришћане. И тако су пагани испали атеисти, и поред толиких богова у које су веровали! Врло брзо су у устима хришћана и други хришћани, али хетеродоксни, постали такође атеисти! А то се све догађало у драматичној светско-историјској смени тога времена, каквој можда и сами данас присуствујемо или у њој – не нарочито свесни обима и узрока, а епски лаковерно и наивно – суделујемо.

Да се вратимо оној причи о Балкану, за који је својевремено Де Голу рекао Малро „да на Балкану још ни издалека није испричана цела прича". Шта припада Балкану, које земље, народи, језици, религије, државе. Сад се одржавају скупови балканских новинара, балканске православне омладине, балканских жена. 16. новембра 1993. у Букурешту почиње конгрес ових последњих. У новинама пише да суделују представнице из Грчке, Румуније, Бугарске, Турске, Молдавије, Кипра, Албаније и Југославије. Да ли је ових осам земаља Балкан? Наравно да је ту и Македонија, с тим именом или без њега, Босна (или њен део) и Република Српска, па Хрватска, свакако. То Фрањо Туђман додуше изричито негира: „Ми нисмо на Балкану", информишући стране новинаре у вођњацима мандарина на Брионима. Словенија, и без изричите Кучанове изјаве да они нису Балкан, то већ одавно није хтела да буде, заборављајући да је израз „наша *дежела*" исти словенски облик из средњовековног византијско-словенског културног круга, од грчког κράτος, за разлику од „европског", то јест италијанског, немачког, француског и енглеског назива за *државу* који потиче од латинског израза status. Свиђало се то Кучану или не, *дежела* припада, или је у прошлости припадала свакако, балканском појмовном дефинисању и културном менталитету.

Да ли тренутна политичка ситуација мења појмовну дефиницију простора Балканског полуострва, које је, волео то неко у белом свету или не, колевка најлепших дарова цивилизације, уметности и идеја, у какве је спадала и природно-правна идеја о једнакости свих људи код софиста.

Заједница православне омладине Балкана, основана у граду Њемецу у Румунији, како пише Политика од 21. септембра 1993. године, укључила је до сада грчку, бугарску, румунску, албанску православну и српску омладину са Балкана По природи ствари, овде није тежиште на Балкану, већ на православљу. Управо одржаном трећем скупу балканског пресцентра у Александрупољу у северној Грчкој, по извештају Политике од 13. новембра 1993, присуствовали су новинари из Албаније (у чијем су саставу били и шиптарски новинари из Србије – то јест са Косова!), Бугарске, Хрватске, са Кипра, из Грчке, из Молдавије, Румуније, Турске и Југославије, дакле из девет земаља. То би значило да Балкан сачињава неких 13 земаља. То добро илуструје мисао Жака Делора, изречену недавно, да Балкан „пати од вишка историје".

Ја лично не разумем зашто би то било лоше и зашто треба цео свет да се меша у наше послове, и то без правог разумевања обично и без добрих намера најчешће. Кад кажем „без правог разумевања", не мислим да кажем „без познавања ствари", јер покретачи ових крупних светских промена одлично знају ситуацију, с обзиром на постојање стратегијских цивилних и војних пунктова с темељним студијама.

Ми не знамо довољно, нарочито не ми, обична јавност. Ево, чак и за овај разговор, у једно јако тешко и опасно време, мислим да ми нисмо довољно конкретно ни темељно припремљени. Полазим од себе.

Да бисмо разговарали о верској толеранцији, морамо јако добро знати и актуално и историјско стање у догматским системима вера о којима говоримо и тачно набројати вере и цркве о којима говоримо. Да бисмо, на пример, знали о могућим дометима толеранције римокатоличке цркве данас у теолошком смислу да бисмо водили неки смисаони дијалог, прво морамо тачно знати садржај папских докумената, на пример енциклика, бар за последњих стотинак година, од такозваног Ватикана I до Ватикана II, од енциклике *Rerum novarum,* преко *Gaudium et Spes,* или *Mater* и *Magistra,* па *Pacem in terris,* до најновије, овогодишње посланице словенског папе Војтиле тј. Јована Павла II под насловом *Splendor veritatis,* што значи *Сјај истине.* Не знам ко је овде имао прилике да се с тим упозна, ја сам трагала за текстом, али ми то по нашим обичним библиотекама није било доступно. Можда нисам довољно добро трагала. А то је важно, јер су такви текстови код католика у пракси обавезујући и за свештенство и за паству, те не може бити речи о појединачној доброј вољи, како на овом скупу неки помињу. Ако у свим тим текстовима и даље стоји одредба о примату цркве у Риму и непогрешивости Папе, онда је на важности и даље статус православне цркве као шизматичке, и ту су институционални изгледи за толеранцију јако слаби. Знам, додуше, да је прошле године римокатоличка црква формално ослободила Јевреје одговорности за распеће Исуса Христа, за шта их је окривљавала свих ових миленија, и што је била концептуална теолошка основа дозвољеног и подстицајног антисемитизма код најкатоличкијих владара Запада, какви су били својевремено шпански краљеви, на пример.

То би био највећи догматски помак који ја знам у том учењу. Друго је питање мисионарства. За разлику од православне, римокатоличка црква је и по дефиницији и у пракси мисионарска, и ту онда стварне толеранције према другој вероисповести, чак и хришћанској, не да не може бити, него не сме. То је била основа свеколиког унијаћења у Европи, да се примат римског епископа протегне на све хришћане. Подсетила бих на недавно на телевизији емитован филм *Прозирни човек*. У њему се приказује како услед неких лабораторијских проба један младић постаје – невидљив. Његова дотадашња девојка га се не одриче, и поред великих неприлика у које упада, те хоће да га упозна и са својом мајком. Он је пита да ли ће њеној мајци сметати зет који је потпуно невидљив, а девојка одговара, да неће, али каже да није сигурна да мајци неће сметати што он није католик.

То звучи шаљиво, али показује ред вредности који својим плановима намеће одређена конфесија. У том светлу мислим да морамо, негде, некако, некад, преиспитати, тачно н конкретно, о чему заправо говоримо, а не овлаш и недокументовано нивелисати различите елементе, појаве, и садржаје. Одатле може и проистећи конкретан садржај толеранције која је, узгред, врло стара реч, јер је у области људских веровања и језика све јако старо, још старије него што знамо и мислимо. А то као да нарочито нервира милитантне носиоце и заговорнике завођења нечега што се тако неодређено и нажалост претећи назива „нови светски поредак" и глобализација.

Можда је занимљиво да је реч *толеранција* термин из војничке сфере, где значи „одржавати се, бранити се", на пример код великог римског освајача из 1. века пре нове ере Цезара: equitatum tolerare. Философски смисао *трпљења, издржавања* дао је латинској именици tolerantia можда само нешто касније Кикерон, а занимљиво је такође да се истовремено јавља врло велики број негација у изразима intolerabilis, intolerabilitas, intolerandus, intolerans, intoleranter, intolerantia, intolero итд.

Грчки термин у *Новом завету* за толеранцију је ἀνοχή. И док је латински преплавио касније цео свет, грчки је остао потпуно усамљен и непрепознатљив у другим срединама сем грчког, где се и данас користи у том облику. Али у *Новом завету* на грчком ово се односи на Божју милост и великодушност.

Ниједном нисмо споменули српски израз за толеранцију, који имамо код Вука, а то је *трпеж* (именица мушког рода), који је Копитар превео са Geduld, tolerantia. Вук наводи изреку „Крпеж и трпеж по свијета држе". У другој варијанти пословице гласило је да „Крпеж и трпеж кућу држе" (Могао би се човек нашалити да дода данас и „дрпеж", али те речи нема код Вука, ма да има „дрпати".)

Није ми познато да се ико позабавио овим врло занимљивим и карактеристичним детаљем, који указује на веома велику старину схватања толеранције код Срба као једног од главних услова да се свет одржи уопште. И семантички је цела та лексичка група врло важна, ма да се не може детаљно пратити, јер Академијин *Речник* није још стигао до тог слова. Кад је и како вуковско *трпеж* нестало и замењено изразом *толеранција,* изгледа у потпуности замењено, тек треба испитати. Јер, у Матичином *Речнику* трпежи нема. У питању је, иначе, основа „трпети", „стрпљив", коју су посудили и у румунском и у албанском говору. Имена Трпимир и Трпко спадају у ову групу, од корена ster–, што је корадикално са грчким stereos „крут".

Види се да у српском језику, па значи и у народним концептима, постоје адекватни изрази који указују на озбиљну свест о толеранцији и у прошлости. При том не треба политичке и социјалне аспекте мешати с појмовним и језичким.

Такође не треба мешати позитивне и негативне поступке толеранције који се, не само у верском погледу, јављају у животу. Јер, толеранција је шири појам од верске толеранције, која је само један њен подскуп. Код нас се, на пример, у језику јавља чудна а недопустива толеранција. Неко негде је измислио облик *суживот* и сви га прихватили овде здраво за готово. То није толеранција, него глупост. Још је давно мој професор Милан Будимир подсмешљиво указивао на облик *сукрвица* који је паралелан облику *суживот*. Дакле, није у питању други облик живота раван првом, већ некаква његова деформација и сурогат.

На системском језичком плану је већ упадљиво усвајање акузатива живог рода за предмете неживог, што је, како сам ја већ досадно у новије време истицала, најстарија индоевропска дистинкција. Опозиција animé/inanimé тј. живо/неживо, рапидно се губи из наше дневне употребе под лошим медијским утицајем и то је пример негативне толеранције. „Прозор *којег* је дете разбило" – то више ни лектори не исправљају, ни у новинама, ни у књигама, ни на радију, нарочито не на телевизији. Замислите да у Немачкој почну говорити. на пример: „Das Fenster *den* das Kind zerbrochen hat", или у француском или италијанском да је било која именица било ког рода или да се не зна где се каже who а где which у енглеском, на BBC или у Тајмсу или у књигама оксфордских издања!

А код нас некако све може. Идентитет једне културе остаје и уз њено неопходно и плодоносно прожимање другим културним утицајима, али не сме да губи *основну матрицу* која изграђује тај идентитет. Само тако ће културе, нарочито малих народа, остати самосвојне и сачувати се и неће избледети и нестати у овом налету планетарне унификације под егидом светског капитала, како некако пре неки дан раче папа Јован Павле II у интервјуу шпанским новинама.

Верска толеранција на Балкану може бити само део и израз планетарне толеранције те врсте, и то не смишљене и проглашене *ad hoc* како коме политички устреба. Као што каже Аристотел у својој чувеној дефиницији драме: „Уколико је прича дужа по величини... утолико је лепша", то би се заиста могло применити на причу о толеранцији. Уколико би та прича била дужа и значајнија по величини, утолико би била и лепша, као што каже Аристотел.

А та прича није ни дуга ни лепа. Верским засторима маскиране освајачке кампање у прошлости, од исламских џихадских продора на Запад до крсташких хришћанских експедиција на Исток, замаглиле су, и окаљале, главније догматске основе вера на које су се при том позивали. Од две велике монотеистичке религије, од којих је Мухамедово учење најмлађи, али најстрожији познати монотеизам, обе су постале универзалне, што значи да се не ограничавају на етнички или језички или географски фактор. Трећа велика монотеистичка религија, јудејска, остала је у типолошком смислу народна религија, и отуд се врста и степен њихових утицаја и одговорности не би могле изједначавати, иако су све три објављене или откривене религије. Пре настанка ислама на Арабијском полуострву у 7. веку, у том региону су одавно знали и за јудаизам и за хришћанство. Ислам се не може ни објаснити ни разумети без јеврејске и хришћанске наследне компоненте која је инкорпорирана у Мохамедово учење. Није довољно познато, а требало би да буде, да је Муса уствари Мојсије, да је Нуху – Ноје, Иса – Исус, Ибрахим – Аврам, и тако даље. У *Корану*, или како се у новије време говори, *Курану*, изричито се каже да ми верујемо у Алаха и у оно што објављује нама и у оно што је објављено Ибрахиму и другима као што су Муса и Исус... Ми не правимо никакве разлике међу њима... (II 136).

То би била најлепша изјава о толеранцији у једном теолошком тексту, да није и других сура које то релативизују, нарочито на друштвеном плану, јер ислам није само вероисповест, већ и државна и правна теорија, и да није додат и тзв. пети стуб ислама, џихад, као „доктринарна обавеза сталног светог рата против иноверних", о чему сјајно говори колега Дарко Танасковић. Он је указао и на другу суру, која говори да нема присиљавања других вера на ислам и о неким исламским мислиоцима који се залажу за промене. Одатле је јасно да је и у овом погледу верска ситуација на Балкану само осетљивија сфера опште ситуације у свету. Можда је једина специфичност Балкана што се баш нигде другде непосредно не сучељавају две велике хришћанске вероисповести, међусобно несрећно противстављене и саме, и ислам, чак и у оквиру не једног језика него извесним делом и истог народа. Отуда је толико тешко утврдити доминантност, па и хијерахију узрока данашњих сукоба, нарочито после крајње прагматичног, у историјском смислу чак неозбиљног, а неописиво опасног, играња историографа од стране Савета безбедности Уједињених нација. Случајна групација људи, политичара из земаља који се мењају у Савету безбедности сваких неколико месеци, остајући практично анонимни за јавност, узела је себи право да грубо, непроучено и с политички интонираном намером окривљује и оптужује целе народе, играјући се животима појединаца, па чак и сопственим војним снагама које се шаљу као нека заштита. Ни у најгора времена инквизиције римокатоличке цркве није наука овако заказала нити су се научници и уметници овако страшљиво склонили пред моћницима и подржали их углавном из личне користи. То остаје трајан пример негативне толеранције интелектуалног слоја целог света и њихова трајна срамота.

Негативна толеранција је била и према ауторима одлуке код нас пре коју деценију да се допусти да монументална Унескова вишетомна едиција *Културне историје човечанства* свих времена изађе без прилога о нама. Или да се у Унесковим едицијама штампају антологије грчких и албанских народних песама, али да се не штампа и слична српска антологија. И све су те књиге превођене на велике светске и друге језике. Нас нема. То није толеранција, то је глупост. Толеранција није попуштање само једне стране, већ усклађивање уз узајамно уважавање.

При том је изузетно важно питање чистих концепата и дефиниција, јер без тога се и не може правично ни тачно утврдити степен одговорности код практичних поступака. Однос државе и цркве, у догматском смислу, у појединим религијама непосредно одређује и уређује њихово јавно дејство и на политички живот. То се обично не уради или не може урадити из објективних разлога и односа моћи. Један амерички новинар је написао да је с Елеонором Рузвелт разговарао о томе како су постигли да се после рата на суду казни нацизам, али да се практично стане код клерофашизма. Она је одговорила да је нацизам био побеђен, а да римокатоличка црква никад није била јача него тада. Нису даље ни разговарали о томе ко је отворио и одржавао усташке „Пацовске канале" кроз Завод светог Хијеронима у Риму.

А ни на теоријском нивоу ни данас се о томе не води довољно рачуна. Тако, на пример, ни у америчкој енциклопедији живих религија, из 1981. године преведеној код нас, нема одредница као: толеранција, лаицизам, цезаропапизам и слично. У Унесковој *Антологији* из 1975. године о толеранцији коју је припремио рабатски професор Заглул Морси и која је, симптоматично, штампана у католичкој штампарији у Бејруту, у Либану, за француског издавача Editions Arabes, од 410 фрагмената изабраних из литерарног фонда свих народа и свих времена („toutes les cultures de tous les temps") нема ни трага од нашег наслеђа ни наших аутора, ако не рачунамо католичког бискупа Janus Pannonius из 15. века (фрг. 196). А само би Јевросимине речи „ни по бабу ни по стричевима" и друге из народне песме, па и Вукове пословице о трпежи, биле часно знамење за један често нападан, клеветан и уништаван народ као што је српски.

Све је то допринело да се добре особине нашег дела цивилизације бришу, а потенцирају, и измишљају, лоше, којих има иначе баш свуда и увек, само зависи како се презентирају и запишу.

Треба (поново) прочитати код Јосифа Флавија у *Јудејском рату*, преведеном и код нас, о страхотама римског освајања, посебно о ужасима за време опсаде Масаде, о масовном канибализму изгладнелих житеља, чак младих мајки и њихове новорођенчади, да се непосредно схвати зашто Јевреји никад нису прихватили Исуса за Месију, јер он није хтео да се бори против Римљана, већ против греха у животу својих суграђана. Јеврејска дијаспора из покорене њихове земље тада је почела, да траје следећа два миленија.

С друге стране се заборавља да је у време објављења ислама хришћанска Црква још била неподељена, и да су њој припадали и бројни Араби, чији је језик такође био један од језика на којима су састављани хришћански текстови. То што је арапски језик касније постао литургијски језик ислама, није ipso facto све Арапе начинило муслиманима.

То су све ситнице које могу бити од значаја код проучавања верске толеранције на Балкану, уз бројне, бројне друге. Ако некоме иде у рачун да се концепти разјасне, дефинишу и оживотворе. Данашњој светској политици не видимо да је то примарна брига.

И да се вратимо причи о природном праву. Није јасно како ће у глобалној светској пракси то изгледати, иако не ваља занемарити урођену људску тежњу ка толеранцији и оживотворењу људске суштине изражене у природном праву.

Недавно је у француском граду Нанту турски имам џамије изјавио да „Закон Алаха мора по значају бити испред закона Француске". Министар унутрашњих послова Француске Шарл Пасква наредио је да се имам по најхитнијем поступку протера из земље, што је одмах и учињено, како извештава Дарко Рибникар у Политици од 12. новембра 1993.

Држава је одлучила да своје позитивно законодавство стави на право место. Да се свуда тако догађа, и то је ствар толеранције.

А није ствар толеранције што вршачки часопис Кошава (Магазин за нову Србију), на пример, у октобарском броју 1993. године, на насловној страни донесе 16 идентичних портрета младог мушкарца с потписима испод слика ћирилицом (8) и латиницом (7) и 1 помешаним писмом, где се појављује и хришћанин и кршћанин, и муслиман и атеист, и циганин и Албанац, и Јеврej и Босанац (!), поред Србина и Хрвата, и католик, само нема – православни. (Не знам шта је Max Gad што се ту појављује). „Коначно, и насловна страна – рад аустријског уметника Матиаса Грилиса, визуелни је израз ових темељних питања, стоји на стр. 11 часописа порука главног и одговорног уредника Милорада Ђурића. Овакав поступак, у претежно православној средини, доводи заиста у недоумицу о каквом је „темељном" решењу реч.

1994.

II

ВАСА ВУЈИЋ И РЕЦЕПЦИЈА АНТИКЕ КОД СРБА У 19. ВЕКУ

Припремајући научни скуп *Класичне студије у Карловачкој гимназији*, одржан у склопу велике прославе 200-годишњице ове наше славне школе 1991. године, у којој сам и ја некад матурирала, двоумила сам се између презентације првог српског превода Платона из 1895. године и хелениста Васе Вујића. Превагу је однео млади професор Глиша Лазић са својим одличним преводом *Лахета* из 1895. године, објављен у Летопису Матице српске у облику *Лахит*, како је рецензент у Матици српској Филип Оберкнежевић тражио да преводилац исправи своје првобитно *Лахет*. Тај мој рад је штампан у првом броју нашег новог часописа *Зборник за класичне студије Матице српске* с осталим прилозима са скупа.[1]

Васа Вујић није престао да заокупља моју пажњу, тако да сам већ идуће године за један факултетски пројекат пријавила истраживачки рад о њему, али од тога тада није било ништа.

На научном скупу *Антика у Југославији – области и рецепција*, који сам организовала у оквиру Друштва за античке студије Србије, одржаном 29. 3. 2000. године у Београду, поднела сам краће саопштење под насловом *Хелениста Васа Вујић* који није штампан.

У тој пријави (1. 12. 1993) сам написала следеће образложење: (Станојевић, *Енц.* I 695.) Најбољи српски хелениста свога времена Василије Васа Вујић (1843–1916) као професор (1868–1903) и директор Карловачке гимназије (1896–1903), оставио је дубок траг у култури Срба у Војводини и уопште, својим радом на класичним студијама, класичној настави и рецепцији антике код Срба. Упркос толиким заслугама на овом пољу, његова класичарска делатност до сада није довољно проучена ни критички оцењена, а нема га ни у *Енциклопедији Југосла-*

вије, у којој су већином и други значајни карловачки професори прећутани...".

Понешто је о Вујићу отада рађено, али кратко и недовољно да се сагледа целовит портрет овог можда најбољег српског хеленисте свога времена.

Нећу превише да се задржавам на биографији, јер се она углавном и нотира у неким насловима и радовима, од Станојевићеве *Енциклопедије* из 1919, *Новосадских биографија* Васе Стајића из 1936, Историје *Велике карловачке гимназије* Косте Петровића 1951, до *Енциклопедије Новог Сада* из 1996. године уредника Душана Попова.

Неки су подаци ипак неопходни. Васа Вујић је рођен 21. 3. 1843. у Иригу, а умро је 11. 2. 1916. у Сремским Карловцима, где је завршио вишу гимназију и Богословију (1866). Пре тога је учио Новосадску гиназију, јер се његов отац, сапунџија, с великом породицом из Ирига преселио у Нови Сад 1855. године.

Кад је он похађао Гимназију у Новом Саду, у тој школи су се 1857. и 58. године догађали велики потреси[2], који су „запретили и самом опстанку установе". Тада је оставку дао и наставник Јован Ђорђевић, који је с др Ђорђем Натошевићем спадао у најспособније наставнике те школе. Из ове хронологије се може закључити да је Васа Вујић био ђак Јована Ђорђевића, који је у гимназији предавао четвртом разреду латински језик, историју и географију и факултативно француски језик[3]. У првом и другом разреду је латински предавао Нестор Исаковић, у трећем Петар Нинковић, а грчки је предавао Лазар Јовановић.

Латински се у првом разреду учио са 8 часова недељно, у другом и четвртом са по 6, а у трећем са 5 часова недељно. Грчки се учио од трећег разреда, са 5 часова недељно, и у четвртом разреду са 4 часа[4]. Види се по великом броју часова да се латински врло прилежно предавао, тим пре што је само до пре коју годину (1847), латински био и званични језик у Аустроугарској и још се њим много морало служити. Стога у програму за 1 разред те четворогодишње ниже гимназије и стоји да је, поред „науке о облицима", главни рад и задатак „меморисање вокабулара и његова усмена и писмена увежбавања"[5]. Уз лектиру, у другом разреду задатак остаје исти, а у трећем и четвртом се уводи и обавезни домаћи задатак сваких 10 односно 14 дана. И за грчки се писао домаћи задатак на сваких 10 дана.[6] Овакви подаци показују зашто су ти ђаци касније добро владали латинским језиком, чак и у колоквијалној употреби, а нарочито они који су наставили више разреде гимназије у Сремским Карловцима, или грчки у Богословији. У Карловцима је Васи Вујићу предавао Стеван Лазић, а грчки Лука Зима; постигао је „превасходни" успех.[7]

Иако одличан ученик, Вујић је накнадно, са 28 година, морао полагати испит зрелости 1871. године у Новосадској гимназији, јер Карловачка виша гимназија није тада још имала матуру. Следеће, 1872. године полагао је у Будимпешти професорски испит из целокупне класичне филологије за нижу гимназији, да би испит из грчког и философије за вишу гимназију положио 1879. године на Загребачком свеучилишту, кад му је било већ 36 година. Очигледно је да је до тог времена кад је овако формално завршио своју професионалну квалификацију, Васа Вујић морао сам веома много радити на свом образовању и усавршавању. Уопште је ово било време кад су наши људи у још увек непотпуним српским школама сами употпуњавали своја знања, остајући у многим областима самоуци, али веома темељни. Ту је појаву запазио и Милош Црњански, који је и сам прошао касније школу пијариста као Јован Ђорђевић, такође мењајући школе и градове, између ратова, чак и земље у којима је живео. У својој књизи о Микеланђелу он на једном месту, у разговору с италијанским професором о самоуком Микеланђелу каже: „И у мојој земљи самоуци су најбољи у мозгу".

Не знам да је некад озбиљније проучено у ком степену је ово била одлика наших људи и културе у 19. веку. У сваком случају, то је у великој мери важило за Васу Вујића и седамнаест година од њега старијег Јована Ђорђевића. Њихова свестраност и ширина њихових знања била је импресивна, ентузијазам и радиност такође.

С обзиром да нас овде занима само један аспект, класични језици, књижевност и античка култура, тежиште посматрања је на рецепцији антике, делатности значајној за обојицу, а за Васу Вујића посебно.

Он у Новосадској гимназији 1866. године ради као катихета, али предаје и друге предмете „по потреби", српски и немачки, можда већ и грчки и латински. Уз то се бави и природним наукама и историјом. Зналац многих језика, научио је и енглески језик, тада још доста слабо заступљен код Срба, и почео је изучавати позитивистичку психологију енглеске школе.

Од 1868. године је Васа Вујић професор у Карловачкој гимназији и Богословији, а 1896. године постаје директор гимназије, до одласка у пензију 1903. године. Своју библиотеку поклања Карловачкој гимназији, и то је једини податак који се о њему може наћи[8] у *Енциклопедији Југославије!* Посебне леме о њему нема.

Био је доживотни члан Патроната и члан Књижевног одељења Матице српске. Највише објављује у Летопису Матице српске, али и у неким другим гласилима.[9]

Највише је склон класичним језицима, за чије се учење и пропагирање класичне наставе залагао целог живота. У то време је дошло и у неким европским земљама, а нарочито у тек ослобођеним државама на Балкану, до оштрог спора о правцима не само политике и привреде, него и просвете и културе, до својеврсне промене у философији образовања. На искључив начин, како то обично радимо, неки млади интелектуалци су се јуришнички окомили на присталице проучавања класичних језика и античких тема уопште.

То није била само наша специфичност: и друге су се природне, тј. егзактне науке нашле у опозицији с дотадашњом, традиционалном школом[10]. Али не с оваквом негативном и негаторском страшћу. Тек обновљеној српској држави и васкрслој просвети, дотле негованој по преписивачким манастирским школама, биле су потребне све снаге и сва знања, а она су се расипала на међусобне спорове и порицања.

У програму Карловачке гимназије за 1888/89. годину Васа Вујић је објавио обиман текст под насловом *Класична настава*, који је Удружење бивших карловачких ђака, припремајући прославу 150 година своје школе, штампало као посебну књижицу 1940. године, а прештампано је у *Научним радовима* карловачких професора 1991. године, за прославу 200 година Карловачке гимназије.[11]

Ту се износе учени аргументи за потребу учења класичних језика, у тзв. класичној настави, супротстављеној тзв. научној, тј. настави заснованој на природним наукама. Скоро је отужно после више од једног века данас имати ову стално нову дилему, уз донекле промењену терминологију. Васа Вујић се труди да докаже „из исказа психологије што и *зашто* мора да се претпоставља мешовити класични чисто научноме курикулуму".

Да бисмо боље разумели тадашњу ситуацију, треба се вратити раду Васе Вујића, објављеном под насловом *Грчка и српска књижевност* у Летопису Матице српске 125 (1881) стр. 1–21, тачније у *Додатку* уз тај рад (стр. 21–27).

Васа Вујић ту саопштава да је 4. маја 1874. године у Српском ученом друштву, на седници Одсека за науке философске и филолошке члан Јован Ђорђевић читао „свој предлог о превођењу јелинских и римских писаца" с образложењем „шта је ту све најзанимљивије и од сталне и опште вредности". Одсек је одлучио да не може улазити у расправљање „него оставља ствар времену и уделнијим приликама", али да се Предлог штампа у *Гласнику* Друштва.

Предлог ипак није штампан.[12] Секретар Одсека, иначе професор философије на Великој школи, Милан Кујунџић, успротивио се не само штампању Предлога, него је поднео „своје одвојено мишљење и против целокупне старе класичности".

Васа Вујић то његово одвојено мишљење оцењује као „у многом неумерено". Ово је блага оцена, јер је Кујунџић рекао да је превођење класика „прост луксуз" и „проста превара", јер би стара књижевност „само заглупљивала", а да су „преводиоци ћутуре погођени". Изјаснио се и о стилу класичних писаца, да је то „измајсторисан и пуст гроб", а стил, каже, „треба да иде из природног одушевљења"."Од важнога до смешнога само је један корак", тврди Кујунџић, смештајући предлог свог колеге Ђорђевића у ово друго. Он не да да се предлог штампа „као нека озбиљна ствар", него тражи да се „преко њега без икакве церемоније пређе на дневни ред". Још је рекао да „зато не треба преводити ни тумачити грчке и латинске писце Србима што су тај посао врло добро урадили за свој народ енглески, француски и немачки филолози, а наши образовани људи знаду бар по један од ових новијех језика, па нека на њима читају Грке и Римљане".

Да човек не поверује. Данас нама пребацују неки тренд ка изолационизму, или тако нешто, а секретар одељења књижевности у претечи Српске академије науке се заложио, и то успешно,[13] да се на српски страна књижевност уопште не преводи.

Ни то, међутим, није све. „Други разлог односи се на саму ствар" каже Вујић. „У чему се тврди да старе књижевности управо нису ни за што, а под књижевности разумева и науку и философију, што, вели, предлагач и не предлаже да се преводи. Па онда у два у три реда збриса и једно и друго".

„Философија говори као дете кад нагађа", каже Кујунџић за античку философију. „Осим Евклида можда и гдекојег фисиолога и кемичара и зоолођијске студије Аристотелове" остало није ништа, цитира Васа Вујић, више збуњен него љут овим ставом. „Какви су само Платон и Аристотел! Не збори се тако о њима" каже Вујић. „Г. Кујунџић, по свом занимању, знаће то боље од нас, него само тако говори што не воли класичност"[14].

И тако је нама до дана данашњег остала ова подвојеност, и стално се убисмо доказујући потребу и важност изучавања класичних језика и античког периода у свим областима, донкихотски и с неједнаким успехом и резултатима.[15]

„Производи књижевности, као предмети естетички, најслађе се уживају баш на свом рођеном језику и ми се дичимо кад можемо да покажемо који признато класички комад из стране литературе лепо преведен на српски", доказује Васа Вујић, коме је тада било 38 година, и који је силан труд уложио да, као син иришког сапунџије, научи добро оба класична језика, руски, немачки, енглески, тако редак за то време код Срба, француски, италијански, мађарски, а види се да је знао и савремени грчки.

Ова оцена Васе Вујића о вредности преведеног дела врло је модерна, у данашњем смислу. Транслатологија као наука уведена је у студијске програме на многим универзитетима у свету и представља неодвојиви део стилистике, како језика оригинала, тако и оног језика на који се преводи. Примедбе Васе Вујића младим преводиоцима његовог времена са грчког на српски показују да је он заиста далековидо уочио значај превода и за сопствену књижевност.

Занимљиво је зашто је Јован Ђорђевић уопште покренуо овакав пројекат превођења, који се тако неславно завршио.

Јован Ђорђевић (1826–1900) био је веома истакнут културни посленик већ средином 19. века, и то најпре у Новом Саду, а затим и у Београду. Рођен у Сенти, гимназију је похађао у Сегедину, Новом Саду и Темишвару, по чему је већ јасно да је говорио више језика тих средина, а као студент философије у Пешти морао је добро савладати и оба класична језика, које је несумњиво већ знао из гимназије. Напустивши студије медицине у Пешти (1845–1848), постао је најпре чиновник, а затим професор Новосадске гимназије 1852. године. Кад га је Патронат септембра те године изабрао, уз још двојицу, за професора те школе, наведено је да је он „канцелиста дневничар жупанијски у Лугошу"[16]. Иако се не наводи за који предмет је изабран, вероватно је то био и латински, који се у трећем и четвртом разреду гимназије предавао са 4 односно 5 часова недељно. Младом професору тада је било свега 26 година и остао је као професор у Новосадској гимназији једва пет година, а за то време је морао бити професор и Васи Вујићу. Ђорђевић 1857. године постаје секретар Матице српске и уредник *Летописа Матице српске*, а две године касније преузима уредништво *Српског дневника* у Новом Саду са Ђорђем Поповићем Даничаром. „Јован Ђорђевић је у те дане главни чинилац свега културног полета у Војводини", оцењује Станојевић у својој *Енциклопедији*. Оснива Српско народно позориште у Новом Саду, постаје први директор новооснованог Народног позоришта у Београду 1868. године, а две године касније његов драматург, да би 1873. остао без посла кад је Народно позориште затворено. Како је преко школе у Шапцу (1876) и Учитељске школе у Београду (1880), чији је био управитељ, овај човек постао професор Опште историје на Великој школи у Београду 1888. године, а 1892. министар просвете, и како је стигао да 1870. године оснује и Глумачку школу, заиста је тешко одговорити. Уз све то је 1886. године објавио волуминозни *Латинско-српски речник* (XI+652 стр.), који је као репринт изашао 1997. у Заводу за издавање уџбеника Србије.

Овај *Речник,* на коме је он радио пуне четири године, показује веома лепо знање латинског језика свога аутора, али ништа лошије ни српског језика, што нама данас можда не изгледа довољно важно. Али не треба заборавити да је прошло само неколико деценија од његових младих новосадских година, кад је као присталица Вука и његове реформе имао озбиљних неприлика. Да ли га је све ово искуство, професорско, позоришно, лексикографско, руководиоца глумачке школе, навело да размишља и предложи која античка дела, несумњиво и велике хеленске драматичаре, треба превести на српски језик? Врло је могуће, с обзиром на његово велико знање и просветитељске намере. Сам се бавио превођењем драмске књижевности, превео је Шилерову *Сплетку и љубав* и „многобројна позоришна дела с мађарског и немачког".[17]

Посебно би требало анализирати разне аспекте овог *Речника*,[18] заступљене леме, посебно из обе античке књижевности и историје, античке топониме и антропониме, као и њихове преводе. Ђорђевић даје све облике на латинском грчких имена, за трагичаре, философе и друге писце, с обележеном дужином за изговор, уз коректно навођење грчког облика, с мањим грешкама у акценту понекад. Наводи и облике придева тих имена, што показује да му је позната њихова употреба у текстовима латинских књижевних оригинала. Занимљив је његов поступак у *преводима* ових имена на српски, који није консистентан из разлога којима се можемо досетити. За Aeschilus и Sophocles наводи грчке облике Αἰσχύλος, (с погрешним акцентовањем Αἰσχύλός)[19] Σοφοκλῆς, али *не преводи* оба имена: за првог каже *Есхил*, а за другог избегава да наведе српски облик зато што није знао како то да уради. Из латинског облика Sophocles јасно је да је завршни вокал –е, али из грчког облика Σοφοκλῆς, према тадашњем код нас доста прихваћеном читању, било би Софоклис. Сличну дилему с изговором имао је код многих грчких антропонима, Демостен, Еурипид, Тукидид, где је тешкоћа била двострука: поред итацистичког изговора крајњег слога, он је знао да се глас –к- у грчком чита као српско –к-, али латинско Thucydides тада се изговарало Туцидидес!

Другу групу имена с могућим проблемима у транскрипцији решавао је одређеније не избегавајући да наведе и српски облик, могуће по први пут у нашој лексикографији. Тако, на пример, за митски лик из Овидијевих *Метаморфоза* (књ. 4) Alcithoe, es даје грчки облик Ἀλκιθόη и српски превод Алкитоја, уз обимна објашњење: „Алкитоја, кћи краља Миније у Орхомену, која се са својим сестрама противила поштовању бога Баха, те су стога претворене у слепе мишеве" (стр. 69). Већина грчких антропонима на Alc- дата је у класичном грчком изговору: Алкибијад („чувени Атињанин, војвода и државник, ученик Сократов"), Алкиној (уз подуже објашњење, илустровано латинским пословицама), Алкиона (лат. Alcyone). За песника Алкаја, међутим, није навео српски облик, него само даје лему Alcaeus (Ἀλκαῖος), с објашњењем: „грчки лирски песник са острва Лезба око 600 пр. Хр.". Уз итацизам, монофтонгизација је била главна фонетска карактеристика тадашњег изговора, тако да Јован Ђорђевић једноставно није знао шта да уради с именом овог великог грчког песника с којим се наша средина вероватно тек почела некако упознавати.

Код Алкибијада се појавио још један проблем, преко кога Ђорђевић прелази ћутке. Наиме, грчко *бета* изговарало се по византијском као *вита* и тако је требало он да буде Алкивијад. Лексикограф то није желео да прихвати, али није ни коментарисао.

У лемама Herodotus и Homerus поступа, међутим, на два начина. Пошто се „славни грчки историк, рођен 404 пр. Хр.", како за њега каже на стр. 659, Ἡρόδοτος код нас тада звао *Иродот*, Ђорђевић је избегао да уопште наведе његово име на српском, тако да је оставио кориснику *Речника* да то сам изведе из његове латинске варијанте. За Homerus ипак каже Хомер (Омир), „најстарији и наславнији песник грчки, певац Илијаде и Одисеје", наводећи још низ језичких и стварних података о њему.

Види се да је овај *Речник* права мала енциклопедија античке књижевности и митологије.

И на латинској страни је у спорним моментима избегао да назове српским обликом римске ауторе, на пример под Vergilius упућује на Virgilius и уз „име римског племена" наводи да је „познат Publius Virgilius Maro, чувени песник у доба Аугустово, рођен г. 70, умро 19 пр. Хр.". Песниковог имена на српском – нема. То је очигледно велики недостатак лексикографске презентације и трајна тешкоћа за читаоца, али је аутор Речника очигледно избегао да у свом овако капиталном делу сугерише па и наметне одређени стандард.

Овде не желим да се бавим историјским и политичким приликама у којима се све ово догађало и којима су неки наведени делатници с мањом или већом жестином и успехом суделовали. Тој страни њихових ангажовања, либерала, народњака, конзервативаца, радикала и др., посвећено је не мало књига, у новије време и опсежна докторска теза колеге Бранка Бешлина.[20] У неким случајевима је нетрпељивост ових јуноша, често незавршеног школовања по свету, вероватно крајње искрена и добронамерна, исто тако крајње ускогрудо затворила неке путеве научног и културног напретка код нас.

Овде имам на уму поменуто ометање пројекта систематског презентеирања и превођења античких аутора. Из обраде античких аутора у Ђорђевићевом *Латинско-српском речнику* из 1886. види се његова веома добра обавештеност о античкој књижевности и по томе би се можда могло закључити да је и његов предлог о превођењу класика на српски поднет Српском ученом друштву могао бити темељан и компетентно састављен.

Опет се враћам на жестоко одбијање на које је тај предлог наишао од стране тадашњег секретара Одбора Милана Кујунџића Абердара, о коме је потребно у овом контексту рећи неколико речи.

Рођен у Београду 1842. године, Кујунџић је основну школу завршио у Београду, после чега је прешао у немачку гимназију у Панчеву, „свршивши седми разред Београдске гимназије", како наводи Станојевић (*Енц.* II 485), без објашњења зашто је мењао ове школе. У својој монографији о Абердару[21] из 1987. године Андрија Стојковић, на жалост, не обраћа уопште пажњу на ове биографске детаље: *Животном путу* испитиваног Абердара посвећује свега 22 ретка, а школовању непуна 4 реда.! Из овакве биографије не видимо шта је све учио у тим школама, да ли је уопште полагао грчки и латински. То важи и за правни одсек београдског Лицеја на који се уписао 1859. године а студио прекинуо 1862. године „због бомбардовања" (Станојевић), наставивши с неком стипендијом студије философије у Бечу, одакле следеће године прелази у Минхен, треће у Париз, а „свршио је у Оксфорду" по наводу у Станојевићевој *Народној енциклопедији* у тексту с потписом Вељка Петровића, тадашњег (1927) инспектора Министарства Просвете. За канцелисту у министарству просвете Кујунџић је именован 1865. године са 23 године, „но већ 1866. године заузео је катедру философије у Великој Школи". То би значило да он све те школе, мењане тако драматичним ритмом у неколико држава и похађајући их на више језика (немачком, француском, енглеском) завршава пре своје двадесет треће године!

Његовој журној каријери и успалахиреном животу, који се и сам доста брзо завршио, у његовој 51-ој години, 1893. године, прирдужило се још много јавних задужења и политичких борби. Био је 1882. амбасадор у Риму, 1886–87. био је министар Просвете (управо у време када је Јован Ђорђевић објавио свој *Латински речник*), а пре тога је 1876–78. суделовао у рату као командир батерије.

Уређивао је многе часописе, био међу пет одборника Уједињене омладине српске, предавао философију на Великој школи од 1873, био секретар Српског ученог друштва, 1874. године први секретар Народне скупштине, а 1881–82. њен потпредседник и 1882–85. председник Скупштине! Све то време се активно бавио политиком.

Поред философије и науке објављивао је и поезију (две књиге лирских песама 1868. и 1870), обилато се бавио публицистиком и полемиком тако да је скоро нејасно кад је стизао све то да уради! Занимљиво је што ни после боравка у Риму као амбасадор, где је ипак могао да се на лицу места упозна с вредностима класичне цивилизације, у његовом ставу не видимо промену расположења, тачније нерасположења према древној мудрости.

А то нерасположење било је невероватно неодмерено и нетрпељиво. Већ сам навела неке цитате до којих је посредно и касније дошао Васа Вујић, приљежни хелениста из Карловачке гимназије и Матице српске. Овом реаговању Васе Вујића на Кујунџићеве ставове у Српском ученом друштву не поклањају пажњу ни Ковачек ни А. Стојковић у својим књигама.

Он, наравно, није био нетрпељив само према класичним писцима и њиховим поклоницима код нас: као министар је гонио Владимира Јовановића и Алимпија Васиљевића, каже

Вељко Петровић, одајући му ипак признање да се у том својству бринуо о школама, и школама за девојке, да је увео потпуне гимназије од осам разреда и Богословију у рангу више школе, а донео је и закон о Српској краљевској академији наука и уметности.

У новије време се доста пажње поклањало изучавањима српске философије, једне иначе веома занемарене дисциплине. У зборнику радова *О српској философији*, који је приредио колега Илија Марић, прештампан је рад Милана Кујунџића Абердара из 1868. године, штампан у *Гласнику* Српског ученог друштва бр. 23 (стр. 155–239). У овом обимном раду младог аутора (26 година!), раду сада одавно заборављеном, он се жестоко, по свом обичају, окомио на различите теме, пресуђујући као секиром на пању – одсечно, без аргумената, неприкосновено: „Е, па на што онда говор о философији у Срба? Коме треба науке нека научи који 'европски' језик, по коме стотинама научници раде. А за оне који не знају странога језика нека се преведе по једно најваљаније дело, као мамац који ће их дражити да и они какав велики и књижевни језик науче...".

Највећи део његовог рада посвећен је Доситеју, те је за дуго „опште прихваћено веровање у нашој култури било... да историја философије у Србији започиње тек крајем 18. века...".[22] Слободан Жуњић констатује да је утемељивач те „истине" био Милан Кујунџић Абердар, а да се, поред ретких изузетака, све до седамдесетих година 20. века, о српској средњовековној философији обично није размишљало.[23] Жуњић даље исправно наглашава да је „напротив, преовлађивао један потпуно нихилистички став, чији је закључак о неегзистенцији било какве раније философије код Срба био изведен из једног обичног *ignoramus*", то јест из нашег потпуног незнања о том предмету.

С тим би се заиста ваљало сложити, а и погледати зашто су неки умерени и одмерени културни делатници тога времена тако запостављени у новијим публикацијама о томе времену. На пример, ни у поменутој књизи Андрије Стојковића о Абердару,[24] ни у књизи Михаила Б. Поповића о Алимпију Васиљевићу[25] нема ни помена о Васи Вујићу, иако је управо он писао рецензију у Летопису Матице српске за рад Алимпија Всиљевића из психологије.

Просопографски портрети очигледно могу да донесу потпунију слику личности познатих из наше историје превасходно по свом политичком деловању у 19. веку, које је често било неразумно и неразумљиво условљено само њиховим страначким интересима. Неки научни и културни посленици без политичких страсти просто су заборављени у нашој историји културе. „Дубокомислени филозоф и велики директор Карловачке гимназије", како га зове др Л. П. у издању *Класичне наставе* 1940, Васа Вујић заслужује много више пажње данас. Због непријатељства од стране противника управо класичне наставе, јасније је зашто је он писао своје расправе „Грчка и српска књижевност" (1881) и „Грци и Срби" (1897), стр. 77, и зашто се залагао за признавање вредности античким погледима у свим областима.

Зато је занимљиво проучити и његов обиман рад *Стара и нова психологија* (1888), стр. 128, у коме крајње обавештено говори на много места и о месту, значају и улози грчког језика и старих философских знања у конституисању тада сасвим младе психолошке науке. Он у овом раду излаже и своје мишљење о језику и стилу, о пореклу говора и лингвистици, о теорији писања и естетици итд. И верујем да би то заслуживало да се једном интердисциплинарно анализира, и у сарадњи са психолозима.

Заиста олако заборављамо учене напоре наших претходника, дивећи се и бавећи се бројним странцима, баш како је то засновао Милан Кујунџић.

Тешко да могу овом приликом саопштити све о драгоценој делатности овог карловачког професора пуних 35 година (1868–1903), који је последњих седам година свога рада у тој Гимназији био и њен директор (1896–1903).

Било би, такође, корисно да једном проучимо и попишемо најстарије преводе античке књижевности на српски језик.

Васа Вујић је био рецензент „првог превода у нашој књижевности из Есхила", *Окованог Прометеја* Александра Писаревића. Рецензија је штампана у броју 181 Летописа Матице српске за 1895. годину, у истом броју где је изашао и први превод једног Платоновог дијалога на српском, већ поменути *Лахит*. „Поезија у природном развитку своме од епа и лирике достиже свој крајњи ступањ у драми... међу драмама свију векова и народа најузвишенија је античка и грчка; међу грчким Есхилова; међу Есхиловим *Оковани Промитеј*".[26]

Оцењујући да професорски кандидат А. Писаревић, иначе његов Иријанин, „зна потпуно грчки, и зна потпуно српски, али му је овај посао испао за руком тек у полак, тј. превео је добро, али није лепо". Млади кандидат је послушао његове примедбе и „препевао" драму како је Вујић тражио, која је објављена касније у броју 190/191 Летописа Матице српске.[27]

Било би занимљиво видети, ако се може још наћи ова прва Писаревићева верзија превода, у којој су мери биле добре Вујићеве примедбе и захтеви. За сада ми то није пошло за руком.

Очигледно овде још има доста елемената за даље истраживање, и после којег семинарског, дипломског, па и магистарског рада, могли бисмо најзад добити слику врло значајног јавног посленика Васе Вујића, који је оставио дубок траг у култури Срба у Војводини и уопште. Он се, наравно, како је наведено, не обрађује у *Енциклопедији Југославије*, у којој су не ретко и други значајни карловачки професори прећутани. Тако је створена, дуго важећа, па чак и данас жива слика да је загребачка филолошка школа и традиција озбиљнија од српске. Вечито подељени и у нејасном међусобном спору, српски стручњаци одавно нису у стању нити желе да сарађују и нешто веће ураде заједно. И тако смо дочекали трећи миленијум.

Још једну реченицу о Васи Вујићу: он је умро 1916. године, у 73 години. Тих последњих петнаестак година његовог живота је сасвим непознато, тако да би ваљало и то једном мало истражити, ако се о томе могу наћи подаци.

И о „класичној" страни у радовима Јована Ђорђевића, укључујући и податке из његовог *Дневника*, треба тек почети проучавања.[28]

2002.

„ЖУДЕЋИ ЗА ЦЕЛОКУПНОМ МУДРОШЋУ"

(Платон)

Наслов мог рада уствари је био на грчком и гласио Σοφίας ἐπιθυμητὴς πάσης, тако да је очигледно да реч „жудећи" из превода има именичко значење: онај који жуди за нечим. Да сам, на захтев организатора САНУ да се наслов преведе, ставила логичније и језички лепше, „пријатељ целокупне мудрости", изгубила би се та семантичка нијанса жудње, тежње да се нешто постигне или постане.

Управо то сам мислила да је карактеристично било за Стерију: и жудња и целокупна мудрост.

Наслов на грчком нисам ставила из неке охолости, него као директан цитат из Платона, за кога сам уверена да га је Стерија читао. Тај навод је из *Државе* Платонове (475b) и мало касније ћу се детаљније вратити на њега.

Зашто *Држава*? Управо због Стеријиног дугог бављења питањима државе, права и закона, како теоријски, тако и практично. Више од трећине свога кратког, педесетогодишњег живота, Стерија се конкретно и директно бавио правом – пуних седамнаест година: тринаест година је био адвокат, две године је студирао правне науке, а две године их предавао на Лицеју у Крагујевцу. При том је обрађивао „Мађарско право", како је написао, али и Аустријско милитарно право, за шта је такође добио адвокатску дозволу[1]. У тој огромној и теоријској и позитивно-правној области он је морао јако добро упознати и примењивати све што се у првој половини 19. века у Аустроугарској, што значи у Европи, знало о законима.

Иако је знатно више читао римске ауторе, говорио и писао на одличном латинском, јер је до 1847. латински био званичан језик у тој држави, Стерија је као ђак, а вероватно и касније, читао многе грчке ауторе.

О томе је још увек доста тешко прецизно говорити, јер све то није довољно и систематски проучено. Капитална књига *Студије о Стерији* мог покојног професора Мирона Флашара из 1988. године бави се многим важним питањима, али, на жалост, нема индекс имена, тако да је тешко уочити који би се све антички аутори помињали. У лепом малом раду колеге Александра Поповића о реминисценцији на Светонија код Стерије[2] из 1990. помињу се римски историчари и биографи, које је све Стерија „могао читати", као што су Такит, Светоније, Еутропије, Аурелије Виктор, а знамо и за песнике Овидија, Хоратија[3] итд. Било би потребно да се уради бар која докторска теза на ту тему и да се брижљиво прикупе на првом месту подаци, без евалуација или омаловажавања. Засад има, колико знам, докторска теза колеге Воје Јелића из 1988. о Стерији и Квинтилијану[4], и Зорице Несторовић из 2005. године о Стеријиним трагедијама.

О античкој књижевности је Стерија, мање више, могао знати исто што и ми данас. О философији такође. Стога се мора подробније *евидентирати* све код Стерије из ове области. То је, уосталом, још пре пола века захтевао Слободан А. Јовановић, али није много учињено отада. То је његов познати рад *Страни одјеци у Стеријином делу* (*Књига о Стерији*, 1956, 177–218), објављен на неких четрдесет страна. На почетку тога текста он се позива на речи Тихомира Остојића написане поводом студије Стојана Новаковића о стогодишњици Стеријиног рођења 1900. године: „Да би се могао тако плодан и многостран писац протумачити, потребни су многи претходни радови који у нашој науци још нису учињени".

И тако сваких педесет година, ми се углавном подсећамо истих, или сличних, необављених послова. За Стеријина живота библиографија о њему чини двадесетак јединица, све краћи новински прилози, уз неколико полемика и некролога. У Библиографији *Зборника* САНУ из 1974. године Лидије Суботин о Стерији има близу 470 јединица, од 297 аутора, са само 16 јединица на страним језицима.[5] Од тога поволиког броја, 225 су новинске критике и пригодне белешке о извођеним драмама, двадесетак су краће критике у часописима, има 3–4 зборника радова, две монографије (Милисавац и Токин, обе уз обележавање годишњице) и нешто студија које нису довољно критички вредноване да би их користио шири круг читалаца. Има и мало прегледа у историјама српске књижевности, којих је такође мало. У једној давној белешци ја сам записала: „Стога није ни чудно што уз Вукову и Доситејеву годину нисмо имали и Стеријину, иако он као просветитељ и културни делатник по значају заправо не заостаје за њима, а као креативни стваралац писац је, наравно, на челу. Али, на југословенском нивоу нисмо имали ни Његошеву годину, што је слаба утеха".[6]

Данас Југославије дефинитивно нема и морамо прегнути на нова преиспитивања, а и са других, историјских разлога. Да поново читамо Стерију, као, на пример, што колегиница Мирјана Стефановић преиспитује Лукијана Мушицког.[7]

Да се вратим Платону са почетка. На грчком тај кратки цитат гласи:

„Οὐκοῦν καὶ τὸν φιλόσοφον σοφίας φήσομεν ἐπιθυμητὴν εἶναι, οὐ τῆς μέν, τῆς δ' οὔ, ἀλλὰ πάσης;", на српском: „Нећемо ли онда и за философа рећи да жуди за целокупном мудрошћу, а не само за једним њеним делом, али не и за оним другим?" Немамо времена за скицирање целог контекста дијалога *Држава*, који је можда Платон писао у оним годинама у којима је Стерија умро (вероватно 375. године пре нове ере или касније). Чак је и за Платона необично да говори о некој подели философије, о неке две философије. Ја сам за Стерију претпоставила да је у складу с таквим Платоновим захтевом за универзалном мудрошћу, за који уопште није искључено да га је директно знао, он своју делатност усмерио ка његовом испуњењу.

Ако погледамо укратко чиме се од најмлађих дана Стерија бавио, види се скоро транспарентан план попуњавања српским штивом књижевних области и жанрова заступљених у античкој књижевности. То су трагедија, комедија, биографија, поезија, проза. Скоро је невероватно како је младић од двадесетчетири године уопште могао доћи на идеју да напише *Лажу и паралажу* (1830. године). Али ако се подсетимо Аристофана, то онда и не изгледа тако невероватно. Јер Аристофану је отприлике било толико година када је 425. године пре нове ере добио прву награду на Ленејским играма за своје *Ахарњане*. Пре тога су већ две године извођене његове комедије на такмичењима, али је био толико млад да му није било допуштено да их сам прикаже.

С обзиром на то да, наравно, Стерија није читао само античку књижевност, него и европску која је постојала до његовог времена, онда је јасније да је попуњавање његовог личног књижевног програма обогаћено и европским утицајима, који су могли бити и двоструки – античке теме *посредством* европских аутора и сами европски аутори.

Стерија је био јако минуциозан читалац, крајње промишљен, пажљив и мудар човек, тако да је штета што немамо више могућности да упознамо конкретно његову лектиру,[8] књиге које је имао, на начин, на пример, како је проучена Његошева библиотека. Мени је лично било врло занимљиво кад сам у Његошевој лектири открила књигу једног француског аутора на кога се позивао и Рига од Фере, тако да ми је то, у неку руку, био конкретан контакт Риге од Фере и Његоша, јер су читали и промишљали исте француске формулације.

Да ово моје помињање књижевног Стеријиног пројекта, како се модерно каже, не би изгледало натегнуто и формалистички, подсећам на тумачење нашег значајног театролога Алојза Ујеса о Стеријиној позоришној делатности, која показује „јасан концепт националног, државног, професионалног и сталног репертоарског позоришта, и то мерено и најоштријим критеријумима европских националних театара за оснивање државних и националних позоришта"[9]. У раду објављеном у *Даници* за 2006. годину (изашла 2005), професор Ујес набраја детаљно још 14 тачака као доказ тог планског деловања, што, на жалост, немамо времена да наведемо (стр. 84–85).

У једном свом ранијем раду о Стерији упоредила сам га с Гетеом.[10] И данас мислим да је то исправно, вероватно у многим цртама, а и Алојз Ујес показује како је Стерија подстакао и превођење Гетеових „Стотину правила за глумце", као и увођење Лесингове „Хамбуршке драматургије", која, на жалост, како каже аутор, још није преведена на српски.

Такође је Стерија настојао да пресади њему тада доступна знања и сазнања из Европе, како то данас кажемо, у главним интелектуалним областима. А много тога је он тада знао као и ми данас. Кант је, на пример, умро две године пре Стеријиног рођења, и Стерија је на студијама права читао истог тог Канта кога студирају и данашњи философи. Ако се опет проучи штошта и код Канта, види се да је доста нетачно из аспекта наших данашњих позитивних знања.[11] Па нико због тога не омаловажава Канта као што ми, понекад, чинимо са Стеријом.

Наводи се у литератури да је Стерија намеравао да напише и поетику, поред реторике, што је сасвим могуће, јер је за *Реторику* користио истоимени Аристотелов спис, а зна се да је и у то време Аристотелова *Поетика* била најчитанији његов текст.

Заиста је штета што Стерија то није стигао, много би нашој култури значило. Али ако се сабере које је он све наслове израдио 1843. и 1844. године, од немачке и латинске граматике и буквара, реторике, природног права до земљописа и малог буквара са неких хиљаду и више страна, човек се у чуду пита како је то стигао руком да испише, поред свих других послова које је обављао. При том не знамо какву је литературу имао код себе да би то проучио, да ли је своје књиге са студија био донео са собом, да ли је био у прилици да набавља и нове књиге и како, да ли преко Вршца, и тако даље.

Споменула сам поетику које нема. Али имамо његову дефиницију поезије на почетку *Реторике*: „Поезија обузима уобразиљу и жели да је усађује. Поезија је вид говора којим се изражавају осећања, као што се прозом изражавају мисли. Али ни у поезији разум ни у прози осећања не могу се сасвим искључити. Проза, делујући на разум, има за циљ да поучи".[12]

Није ми сасвим јасно шта треба да значи оно „усађује" из дефиниције поезије.[13] Али нас наводи на размишљање кад читамо у литератури да је Стерија хтео да „поучава род". Из аспекта ових његових дефиниција, тај просветитељски рад није могао да обухвати његову целокупну делатност. Јер, ако поезија „обузима уобразиљу", она има и друкчији статус.

Очигледно је из целог Стеријиног књижевног деловања да је он хтео да примени на српске прилике оно што су грчки драматичари говорили да „скупљају мрвице са Хомерове трпезе". Он је покушао да скупља мрвице из српске народне песме и српске историје, а то је у то време заиста било веома тешко због слабо завршених националних послова у науци и култури. Он није имао илузија да би то могло икако и бити боље због злосрећних историјских прилика. И он није показивао неки дефетизам или песимизам, а Милисавац у својој монографији чак пет пута говори о његовој склоности оптимизму[14].

Како се онда може објаснити каснија Стеријина повученост, разочараност, горчина, губљење сваке вере у прогрес, резигнација, крајњи песимизам, како формулише Милисавац, и углавном сви критичари пре њега. А и касније.

Да ли је Стерија заиста одједном све своје раније теоријске ставове и уверења променио из корена због личног разочарења и повређености? Само десетак година раније он је писао да проза делује на разум и има за циљ да поучава. Сад одједном треба да поверујемо да он стиховима хоће да делује на разум и да поучава? Такође треба да поверујемо да особа његовог образовања и увида у светска збивања током миленија одједном открива људску злобу и покварeнoст, завист и подлост, некоректност и незахвалност, неправду? Па шта рећи само за Сократов пример? Који је Стерија добро знао и који је Платон као млад човек, са 27–28 година, дубоко одболовао, али цела живота наставио да промишља људе и бога управо кроз уста свога учитеља.

Бојим се да ту Стерију поједностављено тумачимо. Бар ја осећам отпор да се његова горчина и резигнација тумаче само као плод и израз његовог личног незадовољства. Кад је 1981. године Иван Гађански објавио своју поетску књигу под насловом *Писма у ништа Ј. Ст. Поповићу* (Нолит), Иван Лалић је у рецензији оценио као „опор, свакако врло личан поетски идиом". Ни та поезија ни та оцена нису биле плод или израз неке приватне недаће, него врста говора о реалности, говора друкчијег од тада модерног парадног дисидентства.

Тако ја верујем да и Стеријину поезију из педесетих година 19. века можемо гледати као део његовог филозофског програма, давно започетог. У дословном тумачењу његових горких формулација из тог времена нарочито претерујемо узимајући његове морализаторске милобруке дословно. Не наводећи шта уствари значи реч „милобрука", потпуно се губи иронични оквир који је Стерија томе свесно дао. Милубрука код Вука значи „шаљивац", der Freund des Scherzes, amicus ioci, како стоји у *Речнику*, и то у Боки Которској. Чак има и презиме Милобруковић. Не желим тиме да умањим могућу дозу Стеријиног личног незадовољства, и то оправданог, због зла других, које се код нас по правилу омогућава, и некако се прећутно прелази преко свих успеха никоговића и незналица и зла које они наносе честитим и заслужним људима. Скоро да би требало увести дан Милована Спасића, па се критички посветити и савременом злу код нас и у свету. Као и за *Милобруке*, и за наслов *Даворје*, прелеп какав јесте, не признајемо да не знамо заправо ни шта та реч значи. Да ли је онда Стерија жив писац? Актуалан свакако јесте, али његовим свођењем на позоришну димензију, и то једино комедиографску, очигледно сам губи. Да је среће, постојала би *Стеријина награда*, али не само на Позорју, него и у Академији, управо за „целокупну мудрост" којом се он бавио.

При том ништа не мења на ствари његово опредељење за стоичку димензију о општој ништавности. Па још од Пиндара, дакле неких двадесетпет векова, знамо да је човек само „сан сенке" ὄναρ σκιᾶς ἄνθρωπος, како је открио и Црњански.[15] Професор Флашар је писао о овој димензији код Стерије, видим да и овде на Скупу имамо о томе саопштења. Определивши се против платоновске метафизике, Стерија је прихватио холистичку методологију стоицизма – да ниједан темељни део не служи као ослонац за друге. У том смислу је он остварио и све своје жанрове и радове, по најзахтевнијим принципима у погледу врлине у целокупној античкој етици. Чак и то, што поред својих омиљених српских тема, обрађује и Грке, Бугаре, Албанце, Турке и друге, у складу је са стоичким схватањем о ширем јединству људи.

Поред све њихове реалистичности на изглед, ја и за *Родољупце* мислим да су део тог концепта да је човек играчка, слаб и поводљив, како би рекао Његош, „само сламка међу вихорове", или Хомер – да су људи као опало лишће.

А док бар *Тврдицу* не преведемо на више страних језика, Стерија неће бити светски писац. А требало би.[16]

2006.

ЕСТЕТИКА И АНТИЧКА ФИЗИКА КОД ПУПИНА

Пре десет година одржан је 15. Научни скуп Естетичког друштва Србије посвећен теми *Уметности – природа – техника*, о чему је објављен истоимени *Зборник* радова (1996). На жалост, нисам учествовала на том скупу, нисам чак ни присуствовала, што ми је увек било жао. За један претходни скуп, посвећен уметности и науци, нисам чак ни знала, а ни зборник није објављен, како сам касније сазнала, и због чега ми је такође веома жао.

Данашња тема је посвећена естетици у целини[1], тако рећи, и њеним везама с другим наукама, међу којима се наводи и математика у лепом позивном писму нашег заслужног председника Бране Милијић.

Како не знам да ли је на оном некадашњем скупу о односу уметности и науке било речи управо о том детаљу, везама с математиком и ваљда с другим егзактним наукама, помислила сам да бих могла коју реч да кажем о вези између лепог и физике, схваћене у најширем античком смислу као науке о природи.

Полазна тачка су ми неколике мисли Михајла Пупина, којим сам се мало бавила ове године.[2] У својој *Аутобиографији* на енглеском из 1923. године, када је Пупину (рођ. 1858) било 65 година, велики Банаћанин и Србин, ако се то још сме рећи у овој глобализацији, на више места говори о разним утицајима кроз које је прошао и који су на њега имали пресудан импакт. На једном месту изричито каже: „Стари Грци су веровали да је свет настао из хаоса, а из хаоса козмос. Они су били оптимисти, јер су по њиховој теорији склад, ред и лепота настали из страшног нереда, хаоса. Модерне науке потврђују, изванредно добро, веровање старих Грка".[3] За целу хеленску традицију каже да је то „једна стара, дивна цивилизација, чија је духовна лепота утолико више деловала на моју машту, уколико је расло моје знање" (стр. 133 и другде). Пупин се увек залагао за неговање лепоте у науци, залагао се за једноставна решења проблема, а при том је изричито објашњавао да је овај тако рећи естетички приступ реалности понео из свога села, Идвора, по коме је себи у Америци дао и надимак, Идворски, од своје мудре неписмене мајке и српске традиције, с којом су се, по његовим речима, одлично поклопили „Хомерови грчки стихови и лирски делови у хоровима грчких драма." Пупин је стално наводио да је према њима осећао велику „слабост" (стр. 132).

Бојим се да је мање познато да Пупин на универзитету у Њујорку, Колумбија, после колеџа, умало није наставио да студира грчки, а не математику и физику, а за обе је области добијао стипендију. Желећи да ради „на добро човечанства", он се одлучио за ово друго, за „божанствену филозофију", како је, после Милтона, и он звао науку (science), у којој су га највише занимале „нове силе".

Не треба заборавити да је Пупин био председник Америчког друштва за филозофију, и да се он за духовни живот човечанства није занимао само као егзактни научник. Наравно, то му је увек била полазна тачка, јер је он на Колумбији основао Pupin Physics Laboratory, из које је изашло неколико нобеловаца, био је и Председник Њујоршке академије наука. Право је чудо шта је то четрнаестогодишње сељаче незавршене школе само научило кад се без пребијене паре упутило у далеки свет. Поред бројних научних признања које је добио у свету, била је, при крају живота, и „Џон Фриц медаља" 1932. Речи изговорене приликом пријема те медаље су објављене у Њујорк тајмсу као његов научни и философски тестамент. Ја сам набавила тај чланак из Њујорк тајмса од 7. фебруара 1932.[4] и хоћу дакажем о њему неколико речи, јер мислим да се односе на нашу тему. Наслов текста је „Бесмртна козмичка хармонија". Најкраће, садржај је следећи: „Главне силе које покрећу свет на нашој земаљској кугли, топлота (heat) и електрицитет, су „небеског порекла" (of celestial origin). На земљу су стигле на крилима соларне радијације, и остале су успаване еонима у резервама енергије у уљу и нафти на земљи док их људи као

Ват, Карно, Ерстед (Oersted) и Фарадеј нису ставили у службу човеку. Та мисија данашњег „power age" подсећа на мисију небеског пламена, који је, према једној древној легенди, титан Прометеј уграбио с блиставих кола бога сунце Хелија и спустио на земљу." „Ти стари људи су веровали да је мисија тог небеског пламена била да живот људи учини сличним животу олимпских богова. Ми бисмо желели да верујемо да је мисија покретних сила топлоте и електрицитета, најдрагоценијег дара с наше централне звезде, управо то да живот човека учине сличним са животом олимпских богова". То је „бесмртна козмичка хармонија коју је истраживачки људски дух открио у физичком универзуму". Пупин опомиње да духовни живот не следи у свему ове величанствене силе, на жалост.[5]

„Љубав према вечној истини води научнике на открића за добро човечанства", каже Пупин на крају.

„Love of the eternal truth", љубав ка вечној истини, је и кључна реченица овог Пупиновог тестаментарног текста и његове животне девизе. Занимљиво је што је нешто слично, тако рећи у исто време (1931), у тексту „Мој поглед на свет" изразио и Алберт Ајнштајн, велики физичар, који је пре тога дошао да поздрави другог великог физичара са Колумбије, на жалост, тада у колицима, непокретног. Чудна и чудесна коинциденција. Некадашњи српски зет срео се с некадашњим Србином, који своје порекло никад није заборавио, у далекој преоокеанској земљи, којој су обојица донели много добра и славе. Ајнштајн је написао „Моји идеали, који су ми обасјавали пут и увек ме изнова испуњавали радосном вољом за животом, били су доброта, лепота и истина".

Као и код Пупина, препознајемо основне категорије хеленске философије. И то код Платона и код Аристотела.

Пупин у *Аутобиографији* не помиње Платона, што је доста необично, јер је њега несумњиво знао. Али зато говори о Аристотелу, а будући да, врло индикативно, чешће наводи Еуклида и Архимеда као велике претече модерне науке, у *Аутобиографији* је очигледно више говорио о свом развоју као физичар.

Аристотел у *Метафизици* каже на једном месту да су главне врсте лепога „ред и симетрија и оно што је одређено".[6] Очигледно да се лепота, ред и истина од раних времена повезивала. Цео Платон је истраживање везе између лепог и доброг, и истине, наравно, управо како то формулише и Ајнштајн. А Пупин каже управо као Аристотел: „склад, ред и лепота".

А ако погледамо једну другу Аристотелову формулацију, из списа „О деловима животиња", добићемо праву дефиницију естетике како је данас имамо. Аристотел каже: „Лепо је у делима природе и у делима уметности".[7] Пупин и Ајнштајн су, очигледно, више заинтересовани, као физичари, за дела природе. Али ни они ни Аристотел не занемарују етичку димензију лепог: „Лепо је сврха врлине",[8] каже Аристотел у *Никомаховој етици*, и даље „Добро и лепо су исто".[9] У *Политици* иде и даље и успоставља везу између лепог и правичног,[10] али и субјективну димензију свега тога, да живети лепо, значи бити срећан, како стоји у *Етици Еудемовој*.[11]

Ајнштајн, опет, наглашава: „Без бављења циљевима, вечито недостижним, живот би ми изгледао празан". У чувеном писму философу Шлику из 1930. године он је написао да „свако биће на четири или на две ноге има своју метафизику".

Као и Пупин, он верује у врхунску једноставност: „Природа представља најједноставнију замисливу реализацију математичких идеја. Наше досадашње искуство оправдава наше сигурно осећање да се у природи остварује идеал математичке једноставности".

Ако једноставност преведемо са лепота, како је мислио Пупин, онда уствари добијамо Платона.

А као да у име свих њих Аристотел у *Метафизици* поставља питање „Врхунско лепо и врхунско добро – које је било у почетку?".[12]

Сасвим укратко сам хтела да укажем на присуство естетике и у философији природе, или, тачније, код неких физичара. И можда за крај да наведем једну Ајнштајнове реченицу из које се види да су они, модерни физичари, сасвим имали у виду ове античке постулате, чак и ако можда нису сваки цитат који сам навела из Аристотела заиста знали.

„У извесном смислу, дакле, сматрам утврђеним да *чиста* мисао може ухватити реално, као што су Древни сањали". Тај цитат се наставља на наведени Ајнштајнов текст о лепоти једноставности математичких идеја.

Наравно, рецепција естетског схваћеног овако, као лепота, ред, склад и хармонија је, тако рећи, индивидуална ствар. Ја се лично, на пример, управо стога противим моди тзв. естетичких шокова којима је јавност систематски и сензационално стално изложена. Подсећам само на недавне манифестације код нас, нпр. естетичке шокове у „богатом репертоару Српског народног позоришта у Новом Саду" (Политика, 1. 11. 2005) или ликовни „екстремни шок" на изложби у Коларцу (Новости, 23. 11. 2005). А томе се може придружити и програмска оцена *Профемине* (Дневник 30. 11. 2005).

2005.

ПРВИ ПРЕВОД ЕУРИПИДОВЕ *МЕДЕЈЕ* НА СРПСКИ И МИЛАН БУДИСАВЉЕВИЋ

У раду се излаже кратак историјат превођења грчких трагедија на српски, од којих је први модеран превод с оригинала урадио професор гимназије у Сремским Карловцима Милан Будисављевић (1874–1928). Превод Еурипидове *Медеје* објавио је у Земуну 1920. године.

„За себе саму мислим да у младости својој ништа дубље нисам осетила и доживела и ништа се није тако дубоко зарило у моје биће као поједини моменти Есхилова *Окованог Прометеја* и Софоклове *Антигоне*. Касније ме је у великој мери прожео и Шекспир својим дубоким осећајем за човека, али мислим да није превазишао прву двојицу.

Како је само мој професор грчког језика у VIII разреду гимназије, пок. Милан Будисављевић, мајсторски тумачио *Окованог Прометеја*, којег смо читали у преводу, и Софоклову *Антигону* и *Ајанта*, које смо читали у оригиналу. Прометеј је, несумњиво, надвисио Антигону, јер се бори за добро свих људи, јер се усудио „да дарове божанске краде, па их даје смртнима". Колико само у тој једној античкој трагедији има елемената који сведоче колико је људски род завладао природом, јер без тога се не би могла ни замислити људска цивилизација, но, далеко би ме одвело када бих овде наводила све појединости о томе како се људски род постепено ослобађа виших сила: „напушта подземне шпиље и гради себи станове, ујармљује бикове, који плуговима замењују људе у тешким пословима и на лађама са платненим крилима путује морима", како то Есхил представља.

То је само мали део онога на шта нам је указивао наш професор Будисављевић, а што је знатно пре њега надахнуло многе велике умове, као што је био Гете, па и наш Лаза Костић, који се у два маха враћа титану Прометеју „што хтеде све да сме". Сам песник, Будисављевић је успео да нас загреје за античку трагедију. Сам је у стиховима превео Еврипидову *Медеју* и по један штампан примерак свога превода поклонио свим својим ђацима моје генерације. Те књиге више немам, али се живо сећам њена изгледа, њених зеленкастих танких корица, лошег папира и лоше штампе. Не сећам се више ни ко је ту књигу издао, али је највероватније да ју је издао тада карловачки, а доцније новосадски књижар издавач Светозар Ф. Огњановић. Но лако може бити да сам се и преварила у томе што, у моме случају, не би требало да ми се замери."

То су била сећања, из истоимене књиге,[1] објављене 1981. године, Теодоре Петровић, професора Карловачке гимназије. Њу у том граду нико није знао под тим именом, сви смо је звали госпођа Мајица. Госпођа Мајица била је својеврсна легенда Карловаца, а ја сам имала задовољство да ми је била професор српског језика и књижевности већ у I разреду, тада класичне, гимназије, Све је са свим стварима повезано", како би рекао Црњански.

Госпођа Мајица се одлично сећала, и после пола века и више, изгледа те књижице, једино издавач јој није остао прецизно у памћењу. Није био то књижар-издавач Светозар Ф. Огњановић, већ је превод био „Издање и штампа М. Млађана, књижаре и штампарије" Земун. Иако се у библиографским наводима уз Милана Будисављевића даје 1920. година као датум овог издања, на самој књижици то нигде није обележено. У *Лексикону писаца Југославије*[2] s. v. нема те резерве, иако би такви детаљи морали бити нотирани. Наша је енциклопедистика још јако траљава, и радећи овакве теме као што је ово саопштење о Милану Будисављевићу, увек се поново у то уверавам и љутим, али о том касније. Наши нејасни концепти у много чему су нам се љуто осветили, а у култури, која је најдуговечнија, посебно.

Штампање Будисављевићеве трагедије Еурипидове у Земуну био је добар разлог Стевану Радовановићу да га спомене у својој књизи из 1966. године *Из културне историје Земуна* (стр. 141).

Највећи део свог доста кратког живота Милан Будисављевић је провео у Сремским Карловцима, где је и умро [21. 2.]

1928. године. Госпођа Мајица о томе пише: „Ко би у доба о коме говорим могао и помислити да ће професор Будисављевић, тај колос од човека, висок, усправан и пун снаге и самопоуздања, умрети већ у педесетчетвртој години живота, 1928. године. Био је весељак, и умерен у пићу, али га је шећерна болест покосила пре времена. Умро је о покладама, када су староседеоци наше Швапске, по старом карловачком обичају, учествовали у карневалској поворци, па су се игром случаја, погребне песме мешале са веселим узвицима раздрагане масе. На то се може само рећи: Такав је живот!" (стр. 180).

Хрватска енциклопедија[3] уврстила је Будисављевића у своју III свеску, објављену 1942. године, наводећи да је умро у Хрватским Карловцима, а уз његово име објашњавајући само да је био „професор и књижевник", и то у „Загребу, Карловцу, Госпићу и Хрватским Карловцима". Енциклопедија би морала нотирати тачне податке и евентуалне промене макар се штампала и у Ендехазији. У том веома кратком тексту, потпуно без навођења библиографије, иначе уобичајене у тој едицији, стоји и да је написао трагедију *Момир и Гроздана*, објављену у *Гласнику Народног вијећа у Карловцу*. Овде је опет реч о Сремским Карловцима и Народном већу. Комплетности дезинформације доприноси и то што Будисављевић није рођен у Кореници него у Врелу, општина Кореница, и што се не наводи његов значајан текст *Илијада у огледалу косовских пјесама* (Школски вјесник, Сарајево, 1903) или студија *Лаза Костић* (Нови Сад, 1912), као ни низ других радова. Ипак је изостављање ова два посебно индикативно[4].

Професор др Даринка Невенић Грабовац је недавно[5] анализирала овај Будисављевићев рад о *Илијади* и показала Будисављевићеву веома добру обавештеност о хомерском питању уопште, као и модерност многих његових мисли и опажања о тој сложеној проблематици још и данас. На жалост, часопис који смо покренули управо у Матици, *Зборник за класичне студије*, где тај њен рад треба да буде објављен, још није изашао. А овај часопис је покренут зато што је српска наука и култура остала потпуно без гласила посвећеног овој изумирућој струци. *Жива антика,* са светским реномеом, коју су моји професори Милан Будимир и Милош Н. Ђурић основали

1950. г. у Скопљу, да „као млада република они у Македонији имају и нешто из старине", остала је у другој држави сада.

Али да се вратим *Медеји*. Госпођа Мајица не помиње, као што смо видели, своје утиске о овом преводу свога професора и не види се да је и саму трагедију доживела интензивније. Напротив, јако хвали друге трагедије. У њеном излагању: „Како је лепо професор Будисављевић умео да нам представи и Ајанта, којег је срџба и лична гордост довела до безумља, а отрежњење и лична срамота до саме смрти. И сада видим и чујем професора Будисављевића како нам чита *Ајанта*, наглашујући стално први слог његова имена, да би нам што јасније представио његове патње и његову махнитост и узалудну тежњу да се спасе срамоте за коју је сам крив.

О тој „трагичној кривици" јунака грчких трагедија, о „страху и сажаљењу" гледалаца његових патњи и о „катарзи", која се на крају у њима врши, научили смо из Аристотелове *Поетике*, коју нам је такође тумачио професор Будисављевић, као што нам је тумачио и Платонову *Апологију Сократову*, која и данас плени савремене позоришне гледаоце и поред тога што се данас Платон сматра као изразити апологет робовласничког система." (стр. 180).

Очигледно је да Будисављевић ђацима *Медеју* уопште није казивао, ни на грчком ни на српском. Еурипид, уосталом, није ни био у школском програму, вековима конципираном у Европи *ad usum delphini*. Код нас су се користила углавном немачка издања и оригинали античких аутора, као и немачки преводи.

Српских превода грчких трагедија једва да је било. *Окованог Прометеја* најпре је 1885. године „посрбио по немачком преводу Волцогена Филип Ј. Ковачевић, а Ајсхиловог *Окованог Промитеја* је са грчког превео 1897. Александар Писаревић, који је пре тога 1893. објавио и Софоклову *Илектру*. По транслитерацији ових античких хеленских имена види се да је Писаревић читао итацистички, што се тада захтевало у нашој средини, иако је у свету, па и у Немачкој, већ тада тај изговор за антички период био напуштен. Исти изговор је имао и Никола Јовановић у *Краљу Идипу* (Пожаревац, 1895).

Дакле, осим превода Софоклових трагедија Коломана Раца 1895. године, нису се други драматичари могли код нас читати.

Ми данас имамо утисак да је грчка трагедија увек била део опште културе и школског образовања, иако је питање колико је то заступљено и данас. Ипак је часопис *Јавор* – лист за забаву, поуку и књижевност, који је, у власништву Јована Јовановића Змаја, излазио у Земуну 1893. г., у три наставка[6] објавио предавање које је Хаим С. Давичо из Београда одржао у Грађанској касини 21. фебруара исте године, „поштованим госпођама" како каже. „Кад чујемо реч трагедија, обузме нас хладна језа и коса нам се на глави накострешн", каже предавач, настојећи даље да ову страшну ствар више приближи аудиторијуму. Сам Хаим Давичо је занимљива личност (1854–1918, Женева), очигледно веома образована и динамична, а као конзул у Солуну, после Трста и Минхена, можда је знао и грчки. Нема га у *Малој Просветиној енциклопедији*, а због нечега је текст из 1. издања *Енциклопедије Југославије* скраћиван за 2. издање, где је изостављено и следеће: „Ерудит који пише са темпераментом и жестином, Давичо је својим оценама глуме изазвао оштре полемике (Матија Бан, Милош Цветић). Оставио десетак превода..." (књ. II, стр. 668).

Уосталом, са неког необјашњивог разлога, у истој *Енциклопедији* мењан је текст о Милану Будисављевићу: у 1. издању 1956. аутор је био Јосип Челар, а у 2. издању 1982. Недјељко Михановић. Али то узгред.

Види се да се Давичо занимао позориштем и разумевао у позориште, те су његова излагања о грчкој драми тим занимљивија. Користећи облике Едип, Електра и др., Давичо је и у том погледу очигледно добро упутио своје слушаоце и читаоце. Навешћу само неколико реченица које Хаим Давичо казује о Еурипиду: „И ако се Еврипид јавља само пола века после Есхила, ипак атинско велико доба, које је рађало исполинске јунаке за независност и слободу Грчке, беше већ прошло. Побожни, беспрекорни грађани и јунаци посташе у очима новог, раскалашног поколења смешни старци и инвалиди. Философија обарања свега старог и вештина речитог обмањивања, преотеше мах, и под ударцима презрелог духа, који у све сумња, заљуљаше се стари богови из темеља, а на њихово место посађен је човек и његове пожуде, а страсти посташе средиште васијоне".[7]

Давичо своје казивање илуструје и прозним преводом одломака из трагедија, али је штета што не наводи по којим изворима. Има и превод потресних речи које Медеја упућује својој деци, Медеја, за коју Давичо каже „та и сама грозна Медеја, која је починила ужасна дела, описана је са највећим саучешћем, пре него што се одважује да убије своју децу, да би се осветила мужу, који је напустио" (стр. 184).

Таква је била у српском језику књижевна и културна сцена у овом погледу пре него што је Милан Будисављевић превео Еурипидову *Медеју*.

За мене су занимљиви, иако непознати, могући разлози зашто је изабрао баш ову трагедију, за коју само каже да је „најодличнија", у свом одговору на неповољан, заправо ситничав и недобронамеран приказ А Совреа, објављен у листу *Ljubljanski zvon*, XL (1920), бр. 12.[8] Одговор је објављен у *Гласнику Професорског друштва*, Београд, V, 9/10 (1925), 607–610. Цео овај интелигентан одговор показује како је промишљено и минуциозно Будисављевић преводио Еурипида, тражећи поетске и језичке еквиваленте код Његоша, Змаја и Лазе Костића, а не само у народној песми.

Овог аутора, Еурипида, Милош Н. Ђурић је назвао „антички Ибзен" у свом похвалном приказу *Медеје* у *Застави* радикалској (додатак броју 123, год. LI, 4. јун 1920, петак).[9]

У ствари, за мене су занимљиви, ни у класичној филологији довољно схваћени разлози зашто је Еурипид написао *Медеју* у време када је написао. А извео је на празник Велике Дионисије 431. године пре нове ере, који се празновао у марту и априлу сваке године. Те године је управо у то време[10] почео велики Пелопонески рат, који је, с прекидима, трајао све до 404. године, чији поразни крај за Атину Еурипид није дочекао: настрадао је две године раније.

У време кад он пише ову трагедију већ три-четири године трају спорови са Коринтом, што је било увод у овај страшни рат. Еурипид смешта радњу у Коринт, који је био главни трговински и поморски такмац Атини тога времена. По свему судећи, Еурипидова је иновација да је Медеја лично и намерно усмртила своју децу. Дотадашња традиција је то објашњавала друкчије, с обзиром на то да је у Коринту постојао култ и показиван је гроб Медејине деце. То се сад може и на српском прочитати у

Паусанијином *Ойису Хеладе* (II 3), у поглављу о Коринту, писаном добрих пола миленија после Еурипидове смрти.[11]

У грчком фолклору није било вештица ни чуда. Једино се за Кирку и Медеју може рећи да су представа чаробница и стога, наравно, нису Гркиње. Нису ни странкиње, већ „αἱ βάρβαροι", варварке. Али није случајно постојало етимолошко објашњење да је по Медеји[12], или њеном сину Меду, добила име земља која се дотле звала Арија. Међани су били онај народ с којима су Грци водили велике ратове у 5. веку пре н. е., чије су славне победе на Маратону и Саламини остале симболичне до данашњег дана. Или бар до јуче. Ми те ратове зовемо грчко-персијски, па се ова компонента не уочава. За Грке су ти ратови били Τὰ Μηδικά, и језичка веза је одмах очигледна.

Све је ово знао, или могао знати, и Милош Будисављевић. Да ли је имао и неки други подтекст и контекст што је ову дотле непревођену трагедију урадио и објавио, или само чисти уметнички и књижевни циљ, остаје да нагађамо. Тек жестина с којом је одговорио Совреу на његову поменуту негативну критику у *Љубљанском звону* показује његову високу самосвест: у тексту објављеном у *Гласнику Професорскоī друшшва* он каже: „И сад бих ја могао на завршетку рећи као оно Драгиша Станојевић: Еврипидову *Медеју* имају само Грци и Срби; Грци, јер ју је написао Еврипид, а Срби јер сам ју превео ја. То бих могао слободно рећи, јер је критика Г. Совре-а још боље потврдила тачност ранијих мојих критичара и писмене похвале двојице стручњака, како овом мом преводу нема замерке. Тим би се додуше показао нескроман, али ипак морам рећи, и то само за љубав овог можда још тачнијег додатка: А овако рђаву критику имају само браћа Словенци, јер ју је написао он – Г. А. Совре."

И то је тачно. То јесте први модеран превод једне грчке трагедије на српски, успео и радо читан.

Да смо досад написали историју и ове класичне струке, као што нисмо, као ни многих других области наше културе, ова би крупна појава у рецепцији античке мисли и уметности код нас већ давно била обрађена.

1995.

АКАДЕМИК МИЛАН БУДИМИР: ДОПРИНОС СРПСКОЈ, ЕВРОПСКОЈ И СВЕТСКОЈ НАУЦИ

Историја класичних наука код Срба још није написана и допринос стваралаца у тој области само је делимично проучаван и оцењен. Та научна област која се у 19. веку звала класична филологија, у 20. веку је увелико прерасла у Altertumswissenschaft, études classiques или класичне науке, како је код нас формулисано. Она више није укључивала, као некада, само оба класична језика грчки и латински и обе те књижевности, него и историју старог века, историју античке религије и филозофије, антички фолклор и митологију, државне и приватне старине, једном речи све оно што се односи на античку државу и античко друштво, тј. целокупну антику.

Ово је дослован цитат из једног затуреног документа[1] који је пре више од пола века саставио и потписао лично Милан Будимир, приликом несрећних подела тадашњег Философског факултета на Философско-историјски и Филолошки у Београду.

Он је ту још написао: „Према новом Статуту нашег факултета, основаће се катедра за балканологију и то ће бити нова чињеница због које наша катедра треба да остане тамо где се сада налази".

У закључку дописа Секретаријату Философско-историјског факултета у Београду професор Будимир као шеф те катедре предлаже да се та катедра назове *Катедра за античку културу*.

То се није догодило, ни катедра за балканологију ту није основана, ни ја нисам на свом Философском факултету у Новом Саду успела да оснујем *Катедру за античке студије*. Годинама сам пре тога гледала, сарађујући са професором Будимиром, колико је неразуман и непотребан отпор незаинтересоване већине према неким другим идејама. Људи који се углавном у нешто мање разумеју од предлагача, без обзира на научни углед тога предлагача, тврдоглаво чувају нешто своје „традиционално". Млађи духом и модернији у свему, Милан Будимир је био то и у погледу усвајања класичног изговора и хеленског и латинског, нарочито у монументалном приручнику о римској књижевности *Преглед римске књижевности*. *De auctoribus Romanis* из 1963. године, који је завршио са својим учеником и сарадником Мироном Флашаром. Како сам ја с њим непосредно радила на томе као студент, знам шта је он говорио о тој „традицији" коју заговорници старог изговора чувају. „Па, то је немачка традиција, а не наша. И Исидора и Аница Савић Ребац су говориле философија, Ајсхил и сл. А данас су и Немци променили свој приступ, само се ми не дамо".

То је, на жалост, било тако онда, а тако је и данас. Светска класична организација FIEC је усвојила и препоручила класични изговор, али српски правопис, у коме нема ни данас ниједног стручњака из ове области, то не схвата.

Можда је то ситница, али на основу оваквих „ситница" је професор Будимир оцењивао и крупнија збивања и нашу способност да се одржимо и преживимо. Заокупљени ситницама, превиђамо дубинске потресе и важне промене, и увек нас нешто изненади.

Суочен са страховитим потресом у личном животу, потпуним губитком вида у својој четвртој деценији, Милан Будимир је морао да схвата и разматра управо дубинске и суштинске компоненте историје да би уопште преживео.

Начин на који је он то радио и урадио је једноставно непоновљив.

Опсег научних интересовања и његове свестране и интердисциплинарне делатности се једва може сагледати. Његов рад и истраживања су укључивали класичне језике и класичне књижевности, компаративне студије опште, грчке, латинске и словенске лингвистике, компаративну историју религије и фолклора, археологију, балканску топономастику, византологију, етнологију, античку и савремену балканологију, етимологије из области класичних и других језика (македонски, албански, илирски) са петсто етимологија у више од двеста радова, које би ваљало обрадити. Открио је и проучио најстарији индоевропски дијалекат – пеластички.

Никад није довољно указано на његове јединствене радове о српској књижевности: Вуку, Његошу, Кочићу, Лази Костићу, Иви Андрићу, српском фолклору, народној песми и Филипу Вишњићу. И не помиње се његов рад на теорији књижевности – ја случајно знам колико је одредница допунио за *Речник књижевних термина* који је прво рађен у Институту за теорију књижевности, да га заврши професор Драгиша Живковић, с којим сам такође касније доста сарађивала.

Тешко је од свих набројаних области издвојити који је најважнији научни допринос Милана Будимира. Јер све што је урадио огроман је допринос српској науци, несумњиво највећи у 20. веку у области антике.

За европску и светску науку требало би несумњиво много више времена да се све прикаже, а досада код нас ни у једној докторској тези није обрађено[2]. Велики дуг српске науке према Милану Будимиру још ни минимално није одужен.

Али зато јесте донекле у свету, и то само у погледу палеолингвистике, у књизи *Ancient Languages of the Balkans* (I–II), коју је у издању Mouton (Хаг-Париз) објавио Радослав Катичић. Између неколико других имена, Катичић у Предговору (p. 6) из 1971, кад је Будимир још био жив, њему изражава своју најдубљу и најискренију захвалност за сву помоћ.

Критички презентирајући 32 Будимирова рада, уз књигу *Са балканских источника* из 1969. године, Катичић му посвећује посебно поглавље и закључује:

„Будимир је унео у дискусију много лингвистичког материјала. Његова ингениозност и огромна ерудиција, његови широки погледи и фасцинирајућа синтеза много су допринели поновном разматрању прегрчких трагова у грчком вокабулару и установљавању једног индоевропског лингвистичког стратума старијег од оног који је представљен нашим класичним језицима. Ипак треба нагласити, да, мада је Будимир шампион прекласичног индоевропејства, он никада није порицао постојање неког још старијег не-индоевропског лингвистичког стратума у Егејској области и на целом Медитерану" (185).

Ова су истраживања у новијој науци доста запостављена и очекују нову методску ренесансу, до које мора доћи. Јер, археологија показује све више знања о најстаријим епохама, а лингвистичка и историјска проучавања их не прате. Све је јасније да су почеци ранији и старији. У Олимпији на Пелопонесу, на пример, нађени су докази о „играма" и атлетским такмичењима старијим од 8. века, кад наводно пада прва олимпијада.

Код нас је у новије време цела прича о најстаријим поменима српског имена и језичким доказима о већој старости Срба него што показују актуални историјски писани извори, потпуно погрешно схваћена и исмејана као националистичка глорификација Срба, неког „народа најстаријег".

Ни анализе, па ни критика не могу се обављати из аспекта писаних литерарних извора и историјске грађе. Сам професор Будимир је нагласио постојање „извора вишег реда, чија је доказна моћ тако рећи непресушна, и чије сведочење још увек слушамо, па и проверавамо". Он их је назвао „источници", отуд и наслов поменуте књиге *Са балканских источника*. То су неписани извори као остаци културних речника, заправо „збирке речи које упорно путују из епохе у епоху и од једног народа другоме... као неподмитљиви сведоци. За њихово правилно тумачење потребна је поуздана историјска лингвистика". (*Источници* 7). Малочас је и академик Зуковић помињао источнике у овом смислу.

За професора Будимира је језик оно што су стари Грци звали λόγος μακρόβιος – дуговеки говор. Јако дуговек и јако компликован, што са новијим лингвистичким теоријама Ноама Чомског и трансформационо-генеративним deep structure анализама добија својеврсну потврду.

Сваки рад из *Балканских источника* заслуживао би темељније разматрање, али како за то нема времена, указаћу само на један пример. То је рад о пореклу европске сцене и, посебно, детаљ о погрешном тумачењу термина τραγῳδία, тако рећи универзално повезиваног с грчком речју за јарца „τράγος", иако са јарцима никада није имала благе везе, него са сатирима. Више је јараца у прози Радослава Братића, како смо синоћ чули.

„Полазећи од назива *тругодија* којим највећи комедиограф антике Аристофан назива комедију, М. Будимир успоставља еквацију *траґодос – тругодос*, која по законима историјске лингвистике упућује на негрчку фонетику. С обзиром да је најстарији грчки глумац играо и комичне и трагичне улоге, а звао се *дракис* (лакрдијаш, атлета, комедијаш), упоређењем са латинским туђицама илирског порекла, а истог значења, *драукус*, може се претпоставити да је то основно полазиште за повезивање мање познате негрчке речи за глумљење и приказивање са познатијим грчким изразом *тра̄гос* „јарац". Варијанте *драукос, дракис* у грчком речнику претрпеле су паретимолошку адаптацију и само се тим путем могло доћи до именице *тра̄гос* јарац, животиње чија је представа иначе потпуно непозната на класичним вазама. Оба Дионисова празника, јесењи и пролећни, посвећени су култу предака и хероја, чије душе у време пролећног и јесењег еквиноција јуре на бесним коњима. Одатле су Дионисови сатири и силени било „коњи" било „коњаници", а не „јарци". Трагедија није „јарчева песма", него „игра и песма сатира".

Семантика оба израза главне театарске продукције и трагедије и комедије по Будимировом тумачењу показује да су значили исто „песма дружине, хорска песма". Одатле је јасно да су „класични народи у своје речнике преузели подоста блага из говора затечених староседелаца, чија је култура свакако била напреднија од оне коју су собом донели нови индоевропски досељеници из Подунавља" (*Источници* 118). Историја високих оријенталних цивилизација ово данас јасно посведочава. А да је данас оваква појава жива међу Србима, показала је синоћна анализа колеге Јована Делића о Братићу, о вези трагичног и хуморног, а оба озбиљна.

Ова веома тешка и компликована тумачења, на жалост, нису добила пуну рецепцију ни код нас, а ни на страни. Било је планова да се књига *Са балканских источника* преведе на неки страни језик, али није било времена за живота професора Будимира. Иван Гађански и ја смо 1974. године, после тешког оспоравања које је он доживео 1973. године управо у својој Босни (од Тоде Куртовића – а ко се њега данас сећа!), били у Варшави и анимирали наше пријатеље слависте, који су много преводили у Пољској, да преведу ову чудесну Будимирову књигу. Магда Петрињска нам је, после неког времена, јавила да од тога нема ништа, јер је њен аутор „на индексу".

После његове смрти 1975. ствари се нису поправиле, није он сахрањен у Алеји великана, и наш несрећни мудри професор скоро је заборављен. Оно што је у *Споменици* САНУ 1979. написао академик Војислав Ђурић да „за Будимирово дело има времена да се потанко проучи и, раније или касније, то ће бити учињено – по сили захтева самог развоја наука", није се догодило. Чак ни за његово писано дело, а камоли за усмено, које је по речима професора Ђурића још „далеко обимније и неупоредиво значајније... и које се улило као општа својина у радове његових слушалаца и ученика, остајући анонимно уколико они то не забележе и бар тако врате своје велико дуговање".

Академик Фанула Папазоглу, мој поштовани професор и драги пријатељ, Будимиров студент, написала је и следеће: „Ја лично дугујем професору Будимиру ништа мање до своју научничку каријеру". А она је постала почасни доктор на Сорбони! Још је додала: „Мало има наставника на нашем факултету који се могу похвалити са толико ђака – данас научника, као професор Будимир".

Али Будимир не би волео ове велике речи ни похвале. Умерен, одмерен, мудар, отворен увек за сваки разговор са млађима и најмлађима, он је само активно помагао. Али није волео лењивце, лажљивце, ласкавце ни смутљивце, којих код нас увек има превише.

Кад сам отишла после магистратуре у Атину на специјализацију, препорука Милана Будимира отворила ми је врата тадашњег ректора Атинског универзитета лингвисте Курмулија, са чијим сам тадашњим асистентом, а данашњим ректором Атинског универзитета и водећим грчким лингвистом Јоргом Бабињотијем остала пријатељ до данас и у трајној сарадњи.

Исто је било и са археологом Маринатом у Грчкој, или професором Албертом Лордом на Харварду, који нас је угостио и показао нам чувене алуминијумске грамофонске плоче Милмана Парија са снимцима српских народних песама, или са професором Ставром Скендијем на Балканском институту Колумбија универзитета у Њујорку, који је Ивана хтео да задржи у тој установи, или у сусрету са чувеним француским етимологом Пјером Шантреном: свуда је Будимирово име срдачно и са поштовањем дочекивано, отварајући сарадњу и помоћ.

Хтела сам још да говорим макар о значају Будимирове и Скокове публикације *Revue internationale des études balcaniques* са сарадницима елите тадашње научне Европе или *Живе антике* и *Ономатолошких прилога*, или ΣΤΟΙΧΕΙΑ ἙΛΛΗΝΙΚΑ или *Litterae Latinae* итд., али то ће остати за неки други пут.

Можда дотле и новије генерације поново открију Милана Будимира. Ја вам доносим и поздрав секретара Матице српске господина Павла Станојевића, и његов предлог да наш Факултет у Источном Сарајеву, заједно са Матицом српском, припреми избор из Будимирових радова за поновно штампање, о чему он и ја већ дуже разговарамо, после његове молбе да ја то припремим. То бих наравно са задовољством урадила. Као што се залажем и око *Зборника за класичне студије Матице српске*, који смо Бошко Петровић као председник Матице српске и ја смислили да покренемо, кад је *Жива антика* остала у иностранству, а успели да покренемо уз учествовање, иако кратко због преране смрти, и мог професора Мирона Флашара, Будимировог ђака и сарадника. Сад смо већ издали седми број Зборника и само се надам да би наш умни професор Милан Будимир био задовољан, можда чак и поносан.

2006, Пале[3]

HOMO FABER : HOMO LOQUENS
ИЛИ
СРЕТЕН МАРИЋ КАО ГЛОТОЛОГ

„Његова интересовања су интересовања хуманистичког, литерарног духа, са оштром логичком проницљивошћу. Да и не говоримо о његовој фантастичној ерудицији. Лаика нарочито привлачи у неким његовим огледима имплицитна философска проблематика".

Иако није претерано инвентивно да се излагање започне цитатом, послужила сам се овде малом игром, ако хоћете и преваром. Ко баш није напамет научио Марићеве бројне текстове, неће одмах препознати формулацију којом је он описао Бенвениста у свом поговору уз свој превод Бенвенистове књиге *Проблеми опште лингвистике* (1975). То је управо наведена реченица са стране 286. те књиге. Једино сам изоставила Бенвенистово име и уместо да се односи на Бенвениста, ја желим да се односи на Сретена Марића. Верујем да његове сопствене речи савршено описују управо њега. И, ако се пажљиво прочитају његови текстови, често имате утисак да говори о себи. А најмање тамо где се крије иза навођења „лаика".

Племенито настојање организатора ових сусрета да својим тумачењима, или сећањима и утисцима, учесници допринесу упознавању рада Сретена Марића, постиже, парадоксално, супротно – да постане све јасније колико мало знамо о Сретену Марићу и његовом стварном доприносу култури, током његовог дугог живота.

Намерно сам рекла „култури", без ознаке чијој. Природно би можда данас изгледало рећи „српској", јер је он био Србин, писао на српском, објављивао у Србији. Али велики део живота он је припадао и „југословенској" култури, а, објављујући од 1936–1938. неких туце текстова најпре у Загребу, и хрватској култури.

Међутим, пре тога, Марић је 1930. године одбранио у Лиону докторску тезу под насловом *Histoire du movement social sous le Second Empire à Lyon*, на близу триста страна (278). Тај рад је писан на француском језику и обрађује француску историју, и то политичку, како каже Радивоје Константиновић, наводећи да је „он аутор веома цењеног и у стручној литератури често навођеног дела". Немам разлога да не верујем Радету, те се тако Марић указује и као француски аутор. Тим пре, што се у оно мало радова о њему, пре свега у сјајној „причи" Радована Поповића, спомињу или наводе многи текстови које је Марић деценијама објављивао у Француској. Можда сам ја необавештена, али те библиографије нема. А била би значајна не само за Марића, него и за нашу културу, јер је, изгледа, понешто писао и о нама у Француској (помиње се један рад у НИН-у о томе 1957. године). Штета што није више, макар само своју необичну биографију, од Субјела преко Албанске голготе до каснијих збивања. Мени лично би било занимљиво да прочитам и Марићев превод Држићевог *Дунда Мароја* на француски из 1951. године, који помиње Радован Поповић (стр. 45). То заслужује посебну анализу.

Уз то, рекла сам „култура", а не књижевност или наука, јер од његових деведесетак наслова објављених код нас до 1984. године, према *Библиографији* Философског факултета у Новом Саду или 165 наслова до 1993. у Поповићевој књизи, 13–14 је посвећено сликарству, изложбама и ликовним уметностима. Три књиге његових превода из области лингвистике, шест књига превода из области књижевности, философије и културе, и четири књиге есеја чине око 5500 страна објављеног текста, плус 1120 страна *Енциклопедијског речника политике и философије* из 1993. Ако се томе дода још 18 наслова есеја објављиваних по часописима на близу 600 страна, добија се преко 6000 страница значајног стваралаштва на српском, које ми уопште нисмо проучили. А томе свакако треба додати и његова излагања на многим научним и философским скуповима у иностранству, о којима углавном не знамо ништа.

Моја груба рачуница о публикацијама је вероватно нетачна, али нису ми боље информације биле доступне. Намеће се очигледна потреба да се приђе планирању магистарских и докторских теза о раду Сретена Марића, чиме би се систематски попунила велика празнина у нашој науци. Није, наравно, само Сретен Марић необрађен у нашој науци. Лако је набројати неколико великих имена која полако падају у заборав само неколико деценија после њихове смрти. Милош Н. Ђурић, на пример, па Милан Будимир, чини ми се и Георгије Острогорски. Мада су Чика Мишина и професора Острогорског изабрана дела штампана својевремено, а професора Будимира чак ни то, ни на једном нашем философском факултету није урађена ниједна теза о неком од њих,[1] који су били колоси наше културе, науке и јавне сцене.

Вечерње новости су 12. новембра 2003. године објавиле белешку под насловом „Век Сретена Марића" поводом скупа у Матици српској да би се обележило сто година од рођења академика Сретена Марића. Иако је нејасно зашто је одабран овај датум, јер је Сретен Марић рођен 20. фебруара, тако да је био ближи датум његове смрти, 23. септембар 1992. године, ипак је веома лепо што су на скупу говорили и председник Матице српске Божидар Ковачек и потпредседник и управник Библиотеке Матице српске Миро Вуксановић, чија је установа и приредила изложбу о легату „свога великог добротвора" са неких десет хиљада драгоцених књига.

Прошле су већ четири године, а није ми познато да се планира научно утемељење те крупне оцене о „веку Сретена Марића". То се може учинити само научним радовима или монографијама о њему и његовом раду.

Ја не оспоравам ту оцену, напротив. Управо зато и подсећам да то треба и показати. Да би „зрачило", како је он волео да каже.

Морам овде да испричам нека своја сећања на професора Марића, која су организатори каснијих округлих столова у Косјерићу (14. и 15. 11. 2003) и научног скупа у Матици српској (16. 2. 2006) о есеју Сретена Марића ваљда сметнули с ума. То је оно што је професор Марић више пута замерао нашој средини – недостатак сарадње и планирања. Без обзира што сећања појединаца не указују на то, професор Марић је био веома систематичан, веома дисциплинован и велики радник. Ко се иоле бавио превођењем тешких страних текстова на српски, зна који је то подвиг превести преко 1200 страна текста крајње тешког и у оригиналу, а не урадити то на српском за области у којима нисмо имали усклађену ни дефинисану терминологију, нити је данас имамо, а сва је прилика да је неће бити ускоро, ако је икада будемо имали.

Дакле, да кажем шта сам мислила са оним да нешто треба да „зрачи".

Као млад асистент на новосадском Философском факултету, са једва 33 године, упознала сам професора Марића. Тачније, он је упознао мене. Ја нисам била новосадски ђак и слабо сам кога знала. У то време је, у наставцима, излазила моја докторска теза одбрањена на Философском факултету у Београду 1972. године *Хеленска гноштологија гре Аристотела* у Зборнику за књижевност и језик који је уређивао Младен Лесковац. Једног дана ме је у зборници у старој згради Философског факултета у центру града позвао један висок, достојанствен господин да разговарамо. Тако смо се упознали. Он је прочитао моју тезу у том Зборнику и питао ме је штошта. Одједном је рекао „На колико језика ви ту користите страну литературу?" Зачуђена, одговорила сам да не знам, да никад нисам бројала, нисам се ни сетила тога, читала сам и цитирала што сам сматрала да је потребно у мом раду. Рекао је „Једанаест", чини ми се да је толико рекао. Сасвим сам се збунила, али је он наставио да је то добро и да тако треба да радимо, додајући „Наш свет све мање учи стране језике, а без тога не може". У неком следећем разговору тражио је да му изнесем нека своја нова сазнања, јер и њега занимају ствари из историје лингвистике. Навела сам као свој важан закључак да се античко στοιχεῖον потпуно може упоредити са појмом „фонем" у модерној лингвистици. То дотле нигде није било ни у свету објављено, мислим да се касније могло наћи у Робинсовој *Огштој лингвистици* (1980). „И шта сте урадили с тим?" питао ме је даље. Па ништа, рекла сам. Још док није било објављено, професор Будимир је у реферату за мој избор асистента на том факултету написао да му је „лично познат тај важан детаљ". Професор Марић је био незадовољан, рекао је: „Не, то никако није довољно, наука мора да зрачи".

То је за мене било ново. У мом дотадашњем школовању, и у Београду и у Атини и у Њујорку, тражила се темељност у раду, документованост, акрибија пре свега. Али да „зрачи" – не.

Данас не можемо да живимо од маркетинга и менаџмента, али је то тада била новост. И било је у супротности са скромношћу која се очекивала од младог научника. Он се ни са тим није сложио: „То није у колизији, већ је обавеза да се изађе у јавност". Често сам о томе касније мислила, а нисам никад савладала то маркетиншко умеће, иако сам и од Оље Ивањицки чула нешто слично, да њена слика, коликогод успешна, не вреди ако је негде у мраку и ако је људи не гледају.

Тако смо професор Марић и ја почели разговор о глотологији, некад на факултету, некад и код њега у Фрушкогорској, што је било посебно задовољство. Прво га је занимало зашто сам употребила термин „глотологија", кад то и данас на грчком значи лингвистика. Објаснила сам му да је то старији термин који треба да обухвати широко поље раних хеленских размишљања о језику у време кад она нису била диференцирана на посебне науке. Тако, од 19. века, свака историја логике, лингвистике и граматике, хеленске филисофије, књижевности, религије, музикологије, естетике, а данас и науке о мимеси, поларитету и аналогији, као и теорија значења, семиотика и информатика, има бар неколико реченица о неким античким погледима на језик. Али повезано излагање овако синкретичке области у новије време није постојало. Нарочито је била занемарено испитивање софиста и других пресократоваца, јер је још од Хегела преко Штајнтала, аутора двотомне студије *Die Sprachwissenschaft bei den Griechen und Römern*(1890–91), и других аутора, дуго веома неповољно суђено о софистима уопште, па и о њиховим размишљањима о језику. Ја сам му доказивала супротно, посебно сам му тумачила реченице из трактата Δισσοὶ λόγοι, где имамо скоро бинарне парове у духу структуралне лингвистике. А странице Δισσοὶ λόγοι, у примерку који сам позајмила из Универзитетске библиотеке у Београду, нису од 19. века биле ни расечене! Чак је и Гатри написао да то делце нема ни књижевну ни филисофску вредност (1969), а исто је мислио и Лески (1971) и толики други. Милка Ивић, међутим, у *Правцима у лингвистици* оценила је ово моје тумачење као „велико откриће". Даље сам му предочила да је цело Платоново филисофирање у ствари анализа језика, да је Демокрит луцидно анализу језика и писма применио на своју атомистичку концепцију бића, итд. Наравно, није само рекао да све то прихвата, да је лепо, али је, поново, рекао да све треба превести на неки језик и објавити да „зрачи". Мислим да сам под његовим утицајем у штампану књигу своје тезе 1975. године уврстила и нешто обимнији резиме на енглеском језику (6 страна). А тезу нисам никад више штампала ни на српском, а камоли на енглеском језику. Као да би за то било пара, а за моју струку је ионако све мање интереса, интересовања, па и знања. Ипак сам анекс уз тај рад, неких стотинак страница на грчком, које су представљале избор глотолошких места из свих Платонових дијалога, превела на српски и под насловом *Платон о језику и сазнању* објавила у едицији *Реч и мисао*, коју је уређивао Јовица Аћин, који је био у чешћим контактима с Марићем. Поново је Сретен Марић рекао да то треба објавити и на страном језику, јер ни на енглеском ни француском или немачком нема такав избор. Био је и опет у праву, и опет то нисмо урадили. Изашла су, ипак, три издања на српском, па је донекле постигнут његов савет, жеља и захтев да нешто „зрачи".

Сви досадашњи учесници, или скоро сви, у скуповима о Марићу, говорили су о себи, па сам, ето, и ја то урадила. Не из хвалисавости, него да се боље сагледа његова улога у тим данима.

Не знам данас да ли би му се свидео мој наум да о његовом писаном стваралаштву говорим као о „глотологији". Интимно се надам да би. Јер, ако се једним погледом обухвате теме о којима је писао, односно размишљао, и које је проучавао, види се да је у средишту свега, или полазиште свега, човек и његов говор. „Говор је сав човек," каже поводом Бенвениста (стр. 283), а „језик је кључ духа", поводом Де Сосира (*Општа лингвистика* XIII). За мене лично, каже Марић, важнији је, непосредно, утицај лингвистике, њених метода и теорија на хуманистичке дисциплине, од антропологије до чисте философије ... у књижевној критици, у историји религије, у психологији, где све не, све до чисте литературе" (Предговор, Де Сосир, *Општа лингвистика* XXVIII).[2]

Из овога списка видимо тачно зашто је Марић преводио Де Сосира, Бенвениста, Џејмса, Касирера, Сартра, Лукача и Пулеа, Шопенхауера. Језик у миту код архајског човека, језик као конститутивни део религије, језик у философији, језик у књижевној критици ... све то улази у једну слојевиту науку о језику, под врло општим називом глотологија. Одужили бисмо се Сретену Марићу кад бисмо све ово у синтетичком виду проучили.

И сада укратко о опозицији homo faber – homo loquens из мог наслова. Знам да многима не делује добро да се уз Марића да проблемски наслов. Обично се узима да есеји, и његови, носе друкчије наслове. Најпре, ја мислим да је претерано искључиво постулисана та веза између есеја и Сретена Марића. Углавном се о томе писало, што по моме осећању осиромашује његов допринос нашој култури. Он јесте с неописивом вештином писао есеје. Али се његови текстови не исцрпљују у тој вештини, него имају крајње занимљиву и озбиљну садржину. То што су углавном написани без фуснота, што такође није сасвим тачно, не чини их лишеним научног и философског контекста и смисла.

Који је онда смисао пара homo faber – homo loquens за Марића? Полазећи од Бенвенистове поставке да нам „језик даје саму дефиницију човека" (стр. 287), Марић каже: „Ако је немогуће замислити човека без говора, немогуће је ни човека, а ни говор, замислити без много других ствари. Човек је ужасно комплексно биће, па је немогуће ограничити ниједну област његове стварности која би се тако строго формално одвајала од других". Према Марићу, није довољна дефиниција човека animal symbolicum (Касирер), ζῷον πολιτικόν (Аристотел), што данас боље преводимо са „друштвено биће", а не политичка животиња, ни животиња која се смеје, односно homo ridens, или homo ludens, који Марић не наводи, итд. Али су оруђе које је израђивао homo faber постајући тиме homo loquens „неуролошки повезани и нераздвојни у друштвеној структури човечанства" (288). Ту Марић усваја објашњење чувеног француског археолога Лероа Гурана. Ако пребацимо у један други кључ, видимо да то дефинише управо самог Марића: он је и homo faber и homo loquens, или, боље, vir faber et loquens.

А ако се вратимо на малочас цитирану Марићеву реченицу да је „немогуће ограничити ниједну област стварности човека", видимо да је јако велики недостатак структуралне лингвистике 20. века, нарочито његове друге половине, било ограничавање на синхронију, чиме је дијахронијско изучавање језика у прошлости јако осиромашено, али је највећа штета што су огромна знања скупљана вековима заборављена. То је посебно шкодило индоевропеистици, која се ипак полако враћа у фокус научног интересовања. Велика је заслуга Сретена Марића што је преводом Бенвениста код нас дао снажну инјекцију посусталој индоевропеистици, и то управо у њеном дијахронијском лику. Ту бих споменула моје колеге, класичног филолога Александра Лому и слависту Јасмину Грковић Мејџор, чију обимну књигу под једноставним насловом *Списи из историјске лингвистике*, коју ми је недавно поклонила, читам с великим задовољством и поносом што је аутор успео да се ухвати у коштац са синтаксом и семантиком, које су најтеже области и у синхронијској лингвистици, а камоли, као код ње, у дијахронијској.

Овај кратки кроки Марићевог портрета изгледа, као што и треба, крајње похвалан. Да не изгледа ипак да је без грешке све код њега, помињем неколико не одвећ важних детаља, али чије би исправљање код неких каснијих штампања, било врло корисно. Најпре, уједначавање лекције страних имена, као Ван Женеп и Ван Генеп (како треба), Дионисос у Дионис и сл. Зачудила сам се једној грешци коју је допустио да остане, а то је израз „битисање" у смислу „постојање" (Сосир X).

То данас више и није ретко, а апсолутно је погрешно. „Било и битисало" и код Вука и код Андрића значи „било па прошло". *Битисање* уопште није словенска реч, већ балкански турцизам од турског глагола bitmek „проћи, не бити више", сачуван у истом значењу у бугарском, румунском, албанском, чак и цинцарском. Петар Скок (I 163) објашњава да је код хрватских писаца на западу, чак и код Назора, погрешно доведен у семантичку везу са нашим глаголом „бити". На истоку та изведеница није потврђена, јер *битисати* није имперфективан глагол. Али ствари се мењају на жалост, не ретко и на горе, као у овом случају. Све чешћа скандалозна употреба језика, посебно у медијима, обесмишљава тако значајну димензију човека као што је језик, чијем је проучавању на свој замршени, протејски начин и Сретен Марић посветио цео свој живот.[3]

Београд – Косјерић, новембар 2007.

АНТИЧКА ФИЛОЛОГИЈА И ЛИНГВИСТИКА У РАНИМ ПРИКАЗИМА МИРОНА ФЛАШАРА

Када је објавио први рад 1951. године Мирону Флашару је било само двадест и две године. С обзиром да је дипломирао 1953. године са двадесет и четири године, мора да је у време објављивања тога свога првог текста био студент друге године на групи за Класичну филологију, како се тада још звала данашња студијска група за Класичне науке. И часопис *Жива антика* у чијој је првој свесци објавио тај рад тек је почела да излази те године у Скопљу. Оснивачи тога данас значајног часописа са светском репутацијом били су Миронови професори академици Милан Будимир и Милош Н. Ђурић, моји каснији професори такође. Сад ни њих двојице већ дуже нема, Скопље је у иностранству, а Мирон Флашар, својевремено и мој професор, покренуо је први број новог часописа, Матичиног *Зборника за класичне студије* у Новом Саду, да не дочека ни сам излазак из штампе тога првог броја.

А Мирон Флашар је све радио брзо, први у много чему, чак и у том што нас је прерано напустио.

Рођен 23. 6. 1929. године, од 1955. године је асистент на групи где је дипломирао, иако је ту дотле већ две године радио као професор средње школе додељен на рад факултету, по некој тадашњој пракси. Већ 1959. године је докторирао, са тридесет година, јер у то време још није било магистарских студија, што је моју генерацију као прву дочекало 1962. године. Одмах је изабран за доцента за класичну филологију, за који је предмет биран и 1965. године у ванредног професора, са тридесет и шест година, да би 1971. године, у четрдесет другој години, био изабран за редовног професора за обе античке књижевности. Затим је постао и дописни члан САНУ.

Верујем да се овим биографским детаљима донекле објашњава и научни предмет коме је он посветио пажњу првих година свога бављења антиком, ако судимо по насловима и темама приказа књига које је објављивао у *Живој антици* између 1951. и 1958. године.

Изабрала сам овај период јер је то време које је претходило његовом докторату 1959. године. За то време је објавио 25 јединица, осим две библиографије[1] и четири оригинална научна прилога[2] (Библ. 19, 20), деветнаест су прикази значајних публикација. Осим три приказа наслова објављена на српском,[3] и два на енглеском, приказиване књиге су из француског говорног подручја – пет на броју, и немачког – девет. Нешто касније објавио је приказ румунског зборника *Studii clasice* из Букурешта.[4]

Већ само ово набрајање језика делује заиста импресивно у раду једног младог студента и тек дипломираног стручњака. Опсег тих двадесетак приказиваних књига прелази шест хиљада страна, што значи да је годишње читао више од седамсто страна крајње стручног и тешког текста на више језика да би их приказао у новом југословенском класичном часопису *Жива антика* у највећем броју. Ако се пажљиво прочитају ови прикази, види се по наводима у њима из других студија и многих страних приказа, да је он консултовао бар још толико књига и у приближном обиму. Како је то све стизао млади стручњак, уз студије и свој дипломски испит, уз рад са студентима, уз израду своје убрзо одбрањене преобимне докторске дисертације[5] (стр. XVI + 724), заиста је за чуђење. При том не треба заборавити да он није завршио класичну гимназију, која је у то време још постојала у Београду, већ обичну реалку и да је морао много више времена и рада да посвети управо учењу класичних језика, нарочито грчког, у чему су неки други студенти из класичне гимназије били у предности, да би их убрзо стигао и очигледно у свему престигао.

То би био неки педагошки аспект, да се уочи оволика приљежност и научна радозналог младог класичног стручњака.

Садржинска страна је још поучнија. Најпре, све приказиване књиге су биле објављене или исте године, неке годину дана раније, а само понеке пре две или три године. Не знам како је тада долазио до њих, радови неких академија, на пример бечке, су ваљда наставили да стижу у наше библиотеке као пре Другог светског рата, а за остале је било тешко вероватно као и данас. Додуше, *Жива антика* је убрзо почела да добија књиге, али не знам да ли су они из Скопља некима слали те књиге за приказ. Било како било, обавештеност Мирона Флашара у то време, као и редовно касније, била је колосална.

Могуће је да је у том тих година играла улогу и велика пажња професора Милана Будимира, коју је свима нама пружао до свог одласка у пензију 1962. или 1963. године, па и касније. Такође је тих година Мирон био повремено и на студијским боравцима у Грчкој и Француској, можда још негде, не сећам се. У сваком случају, добро је научио савремени грчки, и катаревусу и димотику, што је било од далекосежног значаја касније, и за њега лично и за увођење средњогрчке и новогрчке филологије на Класичну катедру.

Кад помињем Будимирову улогу у овоме мислим на следећу околност. Први приказ Мирона Флашара је о раду бечког лингвисте Паула Кречмера,[6] који је, иако рођен 1865. године, још увек живо радио на науци средином овог века. Он је био пријатељ Милана Будимира од давних времена, и сарадник у *Revue internationale des études balcaniques*, коју је тридесетих година са Петром Скоком Милан Будимир уређивао у Балканолошком институту који је управо основао у Београду. Паул Кречмер је био велико име европске науке, и своја оба прва рада Флашар је посветио приказивању његових најновијих расправа објављених у бечкој Академији.

Тих двадесетак текстова из *Живе антике* грубо се могу поделити на две велике групе – лингвистику и филологију у ширем смислу. Поред Кречмера, заступљени су лингвисти Шарл Бали, Морис Грамон, Албер Доза, Едуард Сапир, Ханс Крае, Ернст Локер. Познавалац одмах види да је, поред индоевропске и компаративно-историјске граматике, овде заступљена и структурална, француска и америчка лингвистика.

Заступљена је фонетика, акцентуација, конјугација и синтакса и дијалекти, поред општег погледа на језике Европе (Доза) и на дијахрони живот језика до дубоке прошлости (Крае).

Да поменем само неколико аутора и наслова које је темељно Мирон Флашар проучио и приказао: *Расправе о грчкој акцентуацији* Шарла Балија[7] из 1945, *Грчка античка фонети-*

ка Мориса Грамона[8] из 1948, Едуара Сапира[9] *Изабрани радови о језику* из 1952, *Објективна конјугација у индоевројском и Хетитски остаци у малоазијском грчком*[10] Паула Кречмера из 1947, односно 1951, *Лингвистика Европе* Албера Доза[11] из 1953. итд. Те књиге објављиване су од Берна до Лиона, од Беча до Лос Анђелеса и Париза, поред осталог.

Мирон Флашар је, дакле, почео са проучавањем тадашње лингвистике у свим њеним облицима и правцима, те се класичним стручњацима погрешно не ретко замера на извесној традиционалној демодираности. Језици на које у свим приказима Мирон обраћа пажњу, поред грчког и латинског, су заиста бројни: хетитски, санскрт, лувијски, тохарски, понтијски грчки, савремени грчки, албански, бугарски, румунски и др. Посебно место заузима његово бављење микенским грчким језиком и таблицама из Кноса на Криту и Пила на Пелопонесу. Као што је познато, 1952. године су Енглези Вентрис и Чедвик дешифровали те најстарије грчке натписе из друге половине 2. миленија пре нове ере, писане тзв. линеарним Бе писмом. Само три године касније су француски лингвисти Шантрен и Лежен организовали интернационални научни састанак о тој тематици, а већ 1957. године је Мирон Флашар објавио критички дужи текст о радовима са тог колоквија *Études mycéniennes,*[12] који су изашли 1956. године. Кроз само неколико година ми смо као студенти с Мироном на нашим чувеним часовима грчког суботом од четири сата поподне радили новооткривене знаке линеарног Бе писма! А часови су били чувени зато што су трајали до пола 8 увече, па смо се ми најчешће лишавали биоскопа као једине забаве тада – због грчког.

Не могу детаљније да говорим о појединим тим приказима, можда само да поменем да показују и одлично познавање радова наших тада водећих класичара, пре свега крајње једноставну, а продубљену, заправо генијалну пеластичку теорију Милана Будимира[13] о прегрчким индоевропским становницима Балкана. Такође је индикативно и представљање Кречмерове расправе *Hethitische Relikte im kleinasiatischen Griechisch*. Хетитски – језик, књижевност, историја и цивилизација из 2. миленија пре нове ере у Малој Азији – спектакуларно је откриће великог словенског семитолога, Чеха Беджиха Хрозног из 1915. године и још увек се проучава. Значајан прилог светског значаја овој тематици касније ће дати Будимирова и Миронова студенткиња и моја пријатељица Емилија Јовановић Масон, која се прославила у Паризу дешифровањем хетитског хијероглифског писма. Њену књигу из 1989. године о хетитској религији *Les douze dieux de l'immortalité*[14] исте године је приказао код нас Мирон Флашар[15]. О тој књизи сам писала и ја[16].

Нека сазнања из својих критика страних књига, Флашар је применио у својим првим оригиналним радовима, као што је *Хетероклитична компарација латинских придева*[17] из 1954. године, али то тренутно није наша тема.

Поред лингвистике, Мирон тих година јако помно прати и изучава огромно поље бројних научних дисциплина. Ту су радови из историје, грчке колонизације на Јадрану, металургије и рударства, производње сребра итд. Можда нејасно на први поглед, то је све неопходно да би се разумео развој живота, друштва, културе и језикâ почев од праисторије на Балкану и Медитерану. Такође је предмет његовог интересовања однос између Антике и Древног Истока у књизи Франца Дорнсајфа[18] из 1956. године, античког наслеђа у Европи професора у Кембриџу Р. Болгара[19] из 1958. године. Ову Болгарову књигу од шесто страна Мирон у приказу зове "прегледан и кратак увод", истовремено наглашавајући да се у другим светским приручницима појављује тек "изузетно по која усамљена студија о утицају античких књижевности на словенске писце". Како је то објављено 1958. године, када он већ увелико завршава испитивања античког наслеђа у Његошевим песмама, тему коју му је дао за обраду Милан Будимир, просто осећамо да млади научник жели да се један словенски, и то велики српски песник Његош, нађе у том оскудном регистру од светске важности. Занимљиво је да је исте, 1958. године, објавио и поменути приказ обимне књиге Франца Дорнсајфа из 1956. године "о односу античке културе хеленске и старог Оријента". Време проучавано у овој књизи је од 1100 – 550. године пре нове ере и утврђује највише "сличности између старозаветних и хеленских списа".Сматрајући да су се обе ове велике књижевности, и јеврејска и хеленска, развијале "beide am Rand der altorientalischen Hochkulturen", обе на рубу старооријенталних високих култура, и близу једна другој, Дорнсајф закључује да обе стра̂не показују зависности од култура старог Предњег Истока, као што су Вавилон, Египат, Хетити, Феничани.

Зашто је то потребно Флашару да истовремено проучава овако огромну проблематику од 1100. године пре нове ере до 1700. године нове ере? Очигледно због Његоша, како је већ поменуто, а и због сарадње с професором Будимиром у то време, после одбрањене докторске тезе, на капиталном приручнику *Преглед римске књижевности*, De auctoribus Romanis[20] за који су 1963. године добили тада високу седмојулску награду. Зоран Глушчевић је у *Политици* написао да је то најбољи универзитетски уџбеник који је он икад видео. Ја сам се у то лично уверила, радећи коректуру рукописа као студент и борећи се с лекторским аждајама око правописа. Ми нови́не уопште због нечега тешко прихватамо, и већ четири деценије се одбацује класична транслитерација имена коју су ту применили Будимир и Флашар, а како је већ давно баш свуда у свету прихваћено, од Немачке до Јапана, од Русије до Јужне Африке.

Заиста је вредно пажње да у приказу Дорнсајфове књиге о паралелама и књижевним утицајима Мирон Флашар указује на запрепашћујућу чињеницу да је на Цетињу нашао примерак енглеског „испитивача старина" Хона Селдена из 16/17. века, који је својевремено веома утицао на великог енглеског песника Џона Милтона својим делом *De Diis Syris*, а обојица, и Селден и Милтон, директно на Његоша, што је Флашар тако убедљиво и аргументовано показао. Постоје ту на Цетињу и књиге које је, као и Његош, користио Рига од Фере, али то је за неку другу прилику.

Немамо довољно времена да посебно излажемо о Мироновом опсежном приказу из 1954. године *Историје хеленске књижевности* Милоша Н. Ђурића,[21] али бих само указала на његово конструктивно коришћење на пример Кречмерових анализа о еквацији Дануна и Данајаца из рада који је приказао раније, 1951. године. Реч је о Кречмеровом раду *Die Danaver (Danuna) und die neuen kilikischen Funde*, објављеном у Бечкој Академији наука 1950.[22]

Философским и књижевним темама посвећени су прикази књига из 1957. године, о књизи о мимези у Антици немачког стручњака Хермана Колера[23] и о украсним епитетима код Ајсхила, Софокла и Еурипида шведског научника Леифа

(Leif) Берсона²⁴. Од Хомера надаље се m...mhcic пре Платонове десете књиге *Државе* преводи и схвата као *представа* и *израз*, Darstellung, Ausdruck, а не као *подражавање* Nachahmung, што је очигледно новије значење и употреба и које се због нечега увржило код нас до дана данашњег²⁵. Берсонова извођења се, како се и може очекивати, упоређују с изучавањима хомерских епитета Милмана Парија, који је своје идеје проверавао на српској епици између два светска рата.

Из свега овог је очигледно како се Мирон Флашар темељно припремао за свој будући компаративни рад. У приказу књиге Хорста Куша,²⁶ који је умро у 34-тој години објавивши књигу *Увод у латинско средњовековље* (1957, 683 стр.) Мирон Флашар је исцрпно дефинисао прихватљив метод проучавања европске књижевности у континуитету, и посебно компаративног изучавања, заснивајући свој став на Курцијусу, кога је такође темељно проучио. Из ових радова Мирона Флашара је очигледна сва његова будућа микрофилија и акрибија, љубав за детаљ и прецизност.

Темељ за све будуће радове из неоплатонске философије, естетике, стилистике, упоредних проучавања књижевности, религије и мита, и да не набрајам, за ових неколико кратких година је трајно и чврсто постављен.

1999.

ПРВА КОМПАРАТИВНА СТУДИЈА СРПСКЕ КЊИЖЕВНОСТИ

Исте године, истог месеца, скоро исте недеље, у држави Мисисипи, која је у оквиру Сједињених америчких држава као што се зна, укинуто је и формално у Савету те државе ропство, као последњи траг најмасовнијег, нововековног робовласништва на планети Земљи – када ми у Београду, окупљени у издавачком предузећу симболичког имена „Просвета", разговарамо о месту и дометима наше српске књижевности у оквирима ширих, европских датости, у последњих четврт миленија.[1] Дакле, истовремено, некако с тим, управо прошле недеље, формално укинутим робовласничким поретком у Америци, бар како су јавили светски медији, и објавио Студио Бе и „Борба". Овакав синхронизам веома релативизује сваку могућу озбиљну примедбу, која би се могла приговорити значају српске културе у оквиру европске.

Слободарска и слободољубива, превасходно, човекољубива и отворена ка другима, српска култура и књижевност као њен важан, не знам да ли и најбољи део, увек је могла служити на част својим творцима. Стога се ја изразито противим поједностављеним, а негативним оценама, многих фаза у нашој култури, као некаквом заостајању за Европом и светом, што треба да значи за Западом и некаквом напреднијом цивилизацијом. Код нас је таквих паушалних уопштавања у новије време тако много, тако су навалентна и недокументована да им човек скоро и поверује, као што се може поверовати у све што је произвољно и небулозно. У такве приче спадају и олако изрицане оцене о нашој византијској традицији, по различитој у свему Византији од Запада, па о наводној неспремности наших интелектуалаца да прихвате западну културу и цивилизацијске норме итд. Како људи данас више читају новине од књига, новине су код нас пуне сличних жалопојки, на жалост, чак и наших великих аутора. У тој медијској поплави кукњаве заиста одудара темељношћу, мирноћом, па ако хоћете, и оптимизмом својих жутих корица, пет томова капиталних истраживања професора Драгише Живковића у области компаративних положаја српске књижевности, истраживања која заиста показују вековни дослух наших стваралаца са светом, коме, по дару, језику и сензибилитету, ни по чему нису инфериорни. Друга је ствар што их са тим језиком свет не може читати директно. Али, ове књиге професора Живковића могу збуњеним и уплашеним нашим савременицима да поврате самопоуздање у односу на свет. Зато је, ваљда, овај разговор и интониран на први дан пролећа. Мада то може бити и случајно, а свакако је пребрзо после објављивања ових књига, јер би било потребно темељније и дуже проучавање свих обрађених тема, ипак је симптоматично да је овај разговор заказан у годишње доба које се, ваљда, од преисторије сматрало временом поновног рађања и новим јављањем свих божанстава која васкрсавају, од Тамуза преко Озириса до Деметрине кћери Персефоне, укључујући и типолошки блиско васкрсење Исуса Христа, наравно, у историји религије. Управо тако је некако, као један завршен циклус, изгледа схваћено и дугогодишње истраживање професора Живковића у „Просвети", која нас је позвала на разговор о „изузетно значајним књигама којима је крунисан његов плодан научни и књижевни рад," како стоји у позиву. Потпуно делећи мишљење директора „Просвете" Чеде Мирковића да су ово заиста изузетно значајне књиге, не могу се отети утиску да њихов значај, поред тога што јесу круна досадашњег рада професора Живковића, лежи управо у томе што представљају један нови почетак и отварају цео нови низ испитивања и преиспитивања.

Пишући лане једну студију за споменицу проф. Живковића, коју је управо објавио Зборник за књижевност и језик, коју сам, ево, сада видела, ја лично сам се мало више него што је за мене обично бавила конкретним проучавањем и размишљањем о неким питањима из наше српске књижевности, јако сам се зачудила како много такорећи сасвим обичних ствари у нашој историји културе и књижевности још није обрађено или, што је још горе, није добро обрађено. Ту се, додуше, радило о Црњанском, али је дотицало и нека старија питања.

Мислим да ће ова обимна и минуциозна испитивања Д. Живковића будућим испитивачима ових тема и проблема из наше историје књижевности пре Црњанског умногоме олакшати посао и одредити прецизне координате књижевног кретања.

Студија Д. Живковића има и ту добру особину коју има само права наука, да нотира отворена питања и да оно што је и даље за проучавање остави као отворен проблем. Тако сте, читајући текстове професора Живковића, у сталном дијалогу с аутором. Другим речима, те су расправе инспиративне и подстицајне, што је друга значајна особина праве науке. Ово се код нас не ретко заборавља, па и потцењује. У средини, где скоро свако замишља да је лично геније или му је бар први уз колено, или ту негде, тешко да неки аутор не сматра да он све најбоље зна и да је баш све тако како он лично мисли, оцењује и каже. Насупрот томе, тако честом, а тако штетном ставу наше суревњиве и сујетне средине, професор Живковић говори и пише мирно, одмерено, ненаметљиво, сугеришући своја решења за која се пре испоставља да су нова и значајна, него што он сам наглашава.

Може неко рећи да у наше убрзано време, пуно самореклямерства, за овакав спор и ненаметљив приступ нема времена Д. Живковић је, ето, ипак имао времена, додуше, не и без сопствене штете. Он је, ипак, крајње приљежно, упорно и стрпљиво, а љубазно, радио на великим пословима и пројектима, како се то због нечег данас каже, као што је *Речник књижевних термина* од кога су сви дигли руке својевремено, па петнаест година уређивања *Зборника Матице српске за књижевност и језик* и толико других ствари у Матици српској и другим установама Ту је његово учествовање често било лишено гламура и публицитета, као што је тога било лишено и његово повлачење, принципијелно, из неких послова, као што је, на пример, било враћање већ примљеног хонорара за урађене, важне прилоге о Бранку и Лази, ако се не варам, у *Лексикону сто најзнаменитијих Срба*, због неслагања са крајњим избором личности заступљених у тој књизи. Иако је данас разговор о овој обимној последњој публикацији професора Живковића а не о његовом целокупном раду, мени је жао што у ово издање нису укључени неки прилози који су за мене врло важни. Такав је, на пример, текст о језику Јакова Игњатовића, у Игњатовићевом роману *Трпен, спасен* у издању Нолита 1981, или, дужи интерни допис Матици српској од 19. новембра 1987. године о издавању критичких издања, као и неки други његови текстови о томе. Очигледно, ново издање ових *Оквира*, којем се ускоро, вероватно, можемо надати, аутор може допунити још неким својим значајним прилозима које је већ урадио. Ја ћу само укратко изнети неколико постулата које је професор Живковић формулисао у свом захтеву за критичка издања Он ту помиње нашу лошу издавачку традицију непоштовања аутентичности текста писца. Затим, недопустиве интервенције у језик и стил писца, самовољне и погрешне интервенције у књижевном тексту неког писца, бројна изневеравања аутентичног текста, инерцију невођења рачуна о аутентичном тексту итд. Примери које конкретно он наводи уз сваку од ових критичких примедби, најбоље показују друге две компоненте његовог научног рада и реализације.

То су акрибија и истинољубивост. Све ове особине се веома добро очитују и у свим деловима његових *Оквира*. Професор Живковић веома држи до поузданости и аутентичности податка и само можемо пожелети да једном добијемо овако документовану, свестрану, а занимљиву синтезу и за књижевност која следи овој, обрађеној у књигама професора Живковића. Његови *Европски оквири српске књижевности* имају још једну важну компоненту до које је мени лично стало: то је третирање српске књижевности као целине, с обзиром на њен језички израз, без подела на државне границе у којима су, већ према приликама, неки аутори стварали. Широкогруд и толерантан, у личном опхођењу, а прошавши наше разне средине у којима је у животу радио, Д. Живковић не заступа неке завичајне концепте, тако драге неким нашим књижевним посленицима, нити прави неке поделе на писце с ове или оне стране Саве, Дрине, Дунава Лима, Ловћена или већ чега. Избор свих ових обрађиваних писаца, у ствари, показује вишевековну отвореност нашег народа према другим језицима и срединама, што се данас тако рогобатно назива – мултикултуралност. У свеопштој данашњој унификацији, ова се тенденција сасвим извитоперила. Не треба то очекивати од писаца.

Мало се зна, али тај „свет" хоће нови лик – „new face" – као што је програмирано „New face of America", ново лице Америке, према специјалном броју магазина „Тајм" („Time") из 1994. године. Електроника је ту израчунала проценте од којих се састоје или ће се састојати нови Адам и Ева У случају Еве, то ће изгледати овако: 15% Англосаксонке, 17,5% од жене са Средњег Истока, 17,5% од Африканке, 7,5% од Азијаткиње, 35% од Европљанке и то северне, 7,5% од Јужноамериканке (ево, колега Иванић је сведок да је то тачно сто посто!). Не! Што је најлепше, то није смешно! То је физички, или биолошки, конгломерат који се у теорији очекује да ће се остварити. Језик ће, наравно, бити званични – енглески. Никаква, дакле, мултикултуралност не долази у обзир! Јер, више него боја и облик очију, језик је заточник културног идентитета. Стога су толико важна ова сазнања о писцима нашег језика у оквиру европских утицаја и контаката

Постоји, чини ми се једна, недовољно изучавана компонента наше културе у прошлости коју дотиче и професор Живковић. То су радови наших научника на страним језицима. Професор Живковић помиње немачку тезу о Доситеју из 1889. године новосадског младог докторанда (замислите, у материјалу Министарства што нам је недавно послато, пише „докторанта") Милана Шевића, објављену у Лајпцигу, а Енциклопедија Југославије каже да је штампана у Нојзацу! Доста наших људи је школовано у 18. и 19. веку на великим светским универзитетима, док су се још радови тамо писали на латинском. Мислим да би било заиста упутно да се уради бар једна докторска теза код нас о овим латинским докторатима наших европских студената што би, из аспекта социо-лингвистике, могло бити чак и језички занимљиво. На жалост, не могу још међу млађим класичарима да нађем „жртву" за обраду овакве теме.

Поред докторских дисертација на латинском, могла би се обрадити, на пример, и следећа тема: 150 година српске науке на латинском. И то су европски оквири српске књижевности, само још не знамо какви, док их не урадимо.

Професору Живковићу припада заслуга што је саставио прву, обимну, компаративну историју српске књижевности. Тек кад је сав овај посао обављен, види се колико још много ствари остаје и да се уради. Ако се у тој књизи обрађеној тематици додају још неки аспекти из недавно објављеног прегледа професора Зорана Константиновића под насловом *Комйарайшвно виђење срйске књижевносйш*, први пут имамо побројане научне обраде неких страних књижевности код нас и њихове рецепције и утицаје на наше писце. Морам признати да сам ја била више него запрепашћена кад сам избројала да професор Константиновић нотира само осамнаест наслова наших монографија о светским писцима у нашој средини. Поред *Хомера* Секе Грабовац, све су из новије књижевности: Шекспир, Милтон, Русо, Шилер, Гете, Бајрон, Хајне (једина књига на немачком), Пушкин, Љермонтов, Петефи, Мицкјевич, Чехов, Дикенс, Достојевски, Толстој, Томас Ман и Шолохов. Као што је било лоше са критичким издањима, тако је очигледно недовољно и са обрадом рецепције страних писаца код нас. Из списка се види да баш ништа из суседних балканских књижевности није укључено. Петефи, наравно, није балканска књижевност. Прегледи које помиње професор Константиновић из Енциклопедије Југославије су, углавном, недовољни, писани „ad hoc" и без већих претходних истраживања, а не знам да су прошли јавну научну критику. Ја, уопште, мислим, како сам и више пута конкретним поводима говорила, да је Енциклопедија Југославије, што несвесно, што свесно, правила огромне пропусте и дезинформације. Сад, тај идеолошки дуг, при чему не мислим, у првом реду, партијски, не можемо вратити, него треба боље организовати нове послове. Не знам да ли то можемо. Или се мора опет чекати овако синтеза, сложених а суптилних анализа појединца, какву имамо код *Евройских оквира срйске књижевносйш* профессора Драгише Живковића

Ето, то су моји неки глобални утисци и размишљања о овим значајним књигама због којих смо се окупили с великим задовољством. Хвала.

1995.

III

ШТА ЗНАМО О ЕТРУРЦИМА

Римски песник Хоратије у првом веку пре нове ере у једној својој песми говори о Тибру називајући га „етрурском реком" – *Tuscus amnis*. Не само ова главна река старог Рима, већ и један део града звао се по Етрурцима: *Tuscus Vicus*, многољудни етрурски кварт трговаца и куртизана. Хоратијев велики пријатељ и заштитник Мајкенат, познатији као Мецена, пореклом је био из старе угледне етрурске породице, „краљевске", по Хоратијевим речима. Наводи се да су још пре двеста година, у 18. веку у италијанском граду Волтери, некадашњем етрурском насељу, постојале породице које су сматране етрурским.

Ко су били Етрурци? Под овим насловом је још 1943. године одржан научни скуп посвећен проучавању историје овог народа. *Шта ми знамо о Етрурцима?* – питао се чехословачки научник К. Јаначек у раду из 1935. године и, по други пут, 1953. године. Код нас је Издавачки завод „Југославија" у својој едицији „Сусрет с уметношћу" објавио књигу о Етрурцима[1] мог професора с Београдског универзитета, археолога и историчара уметности Бранка Гавеле; њено прво поглавље носи наслов: *Етрурци: етничка тајна европске историје*.

Већ сами ови наслови током последњих пет деценија показују да етрурска загонетка још није решена у потпуности. У међувремену је објављена множина научних радова посвећених у првом реду археолошким налазима и етрурској уметности, развила се цела једна наука – етрускологија, само је, на пример, књига Масима Палотина под тим насловом доживела шест издања у Италији и неколико превода.

Главни подаци о историји овог народа, чију су улогу у настанку своје културе сами Римљани рано уочили, одавно су познати. Случајна и систематска археолошка открића изнела су на светлост дана скулптуру и чудесно сликарство овог народа, скривено у монументалним гробницама широм данашње Тоскане, углавном. Познато је и близу десет хиљада натписа на етрурском језику, од којих се најдужи, са 1.500 речи, чува у загребачком Археолошком музеју, исписан на платненом повоју једне мумије. Тако је и познат у науци, као *Liber linteus Zagrebiensis*. Али и поред свих покушаја тумачења ових натписа, које можемо да читамо, јер алфабет, сличан грчком, знамо, дешифровање самог етрурског језика још увек је на почетку.

Углавном се у науци сматра да је у питању неиндоевропски језик, можда остатак неког општег медитеранског супстрата, сродан са тзв. тиренским језиком, познатим из натписа с острва Лемна недалеко од Дарданела. Каква је могла постојати веза између становника средње Италије, по чијем је имену добила свој назив не само Тоскана већ и Кикеронови философски списи настали у његовом тускуланском летњиковцу, и удаљеног егејског острва, није јасно. И то данас ништа више него што је било јасно античким ауторима који помињу Етрурце, дајући има разне називе: *Tyrrhenoi, Tyrsenoi, Tyrsanoi, Tyrsenoi Pelasgoi; Tusci, Etrusci*. Изгледа да су сами Етрурци себе звали *Rhasenna* или *Rasna*.

Ако у настанку нејасног имена етрурског народа видимо суфикс –*ku* као у *Oscus* (грч. *Opikoi*), старом италском народу који је припадао индоевропској језичкој скупини, онда је можда лингвистичка еквација етрурског и тројанског имена у интерпретацији бугарског научника Владимира Георгијева прихватљивија. Професор Гавела се врло обазриво и уздржано изјашњава у прилог претпоставци о медитеранском оријенталном, можда чак семитском пореклу Етрураца. Овакви културни афинитети Етрураца, по његовом мишљењу, очигледни су. Ово питање, наравно, и даље остаје отворено, јер и друга теорија, о аутохтоности Етрураца у Италији и њиховим тесним везама с Виланова културом, има бар исто толико добрих аргумената.

С обзиром на овакву ситуацију која у науци још увек постоји у погледу етрурског порекла и њихове етничко-језичке припадности било је логично што је аутор ове књиге о Етрурцима одлучио да њихову историју, културу и уметност опише у едицији илустрованих „Сусрета с уметношћу", јер су остаци материјалне културе и уметности овог народа врло речити и у свету већ добро проучени. Код нас је археологија, историја уметности, лингвистика и историја старог века мало пажње поклањала етрускологији, иако је све јасније колики је огроман допринос ове самосвојне и развијене материјалне, духовне и ликовне културе у римској и, преко ње, у европској уметности и цивилизацији уопште.

Готово је заразно одушевљење аутора књиге за етрурску уметност, коју он означава као „уметност вечитог пролећа", која је „надживела дивљи бес римске химере и сачувала за сва времена племенити сјај, свежину и стваралачку снагу духа, срца и мисли старих Етрураца". То је био народ тешке судбине да у историји остане познат само посредством страних извештача, најчешће непријатељске, победничке стране, која је уништила његову велику цивилизацију, црпећи из ње делотворне сокове у многим областима. Римска религија, државне и правне институције, архитектура, урбанизам и градитељство сваке врсте, ратна вештина, металургија, уметност, вештина прорицања, вероватно писмо абецеда, као и многи други облици културе и свакодневног живота имали су у својим основама етрурска знања и умења. Без обзира на судбину коју им је у свом незадрживом ширењу ка светском господству наменио антички Рим – да изумру не оставивши потомцима ни кључ за разумевање њиховог језика, Етрурци данас говоре својом уметношћу, тим универзалним и ванвременим језиком. Стога је добро учињено што је ова књига о Етрурцима богато илустрована, са 82 црнобеле и 4 слике у колору, које лепе ауторове анализе сачуваних уметничких дела Етрураца чине још убедљивијим. Његов опис познате бронзане скулптуре Химере из Ареца, на пример, управо је драматичан. Штета је ипак што нису увек синхронизоване илустрација с током излагања. Књига би се и лакше читала с мање штампарских грешака и коректорских пропуста, иако они не умањују значај ове публикације, писане, полетно, стручно и обавештено и намењене ширем кругу читалаца, а не првенствено стручњацима.

1979.

ОБЛИКОВАЊЕ ГРЧКОГ ЧОВЕКА: PAIDEIA

Појам васпитања код Грка је превазилазио наш појам педагогије. То је заправо био синоним за израз *културa*, израз којег, узгред, ни данас нема у савременом грчком језику. Стога, разматрање историје васпитања код старих Грка превасходно значи проучавање историје духовне културе.

Таквог једног гигантског задатка (реч коју сам аутор користи у некој прилици) прихватио се својевремено, коју годину пред Други светски рат, чувени берлински професор, хеленистa Вернер Jeгер, који је од 1933. до 1947. објавио три тома ове студије под заједничким насловом *Paideia*, дело које је четири-пет пута прештампавано, са задивљеношћу читано и превођено. Вернер Jeгер (1888–1961) био је заговорник тзв. „Трећег хуманизма" и велики пропагатор обнављања античке духовности у савременом свету, у ком циљу је двадесет година издавао у Берлину часопис *Antike* (1925–1944). Духовни повратак у живот грчко-римске културе Jeгер подразумева да се спроводи у субјективном доживљају, „који припада увек само малобројним изабранима".

Ова Јегерова књига, а поред ње је он аутор значајних дела о Платону, Демостену и Аристотелу, и других, писана је у време кад се још није, на основу дешифровања најстаријег грчког тзв. линеарног Бе писма (1952) знало за најранију прошлост грчке популације на Балкану и Криту. Његова књига носи и неке друге ограничености свога доба и аутора, нарочито инсистирање на „рационалном", али има и непролазну инспиративност која зрачи како из испитиваног предмета, тако и из сјајне обраде и колосалне синтезе једног од последњих европских енциклопедиста какве је у свим научним областима тражила и стварала некадашња епоха.

Јегер је сматрао да је „наш однос према хуманизму ранијих времена" као „проблем данас важнији него икад и посебно оспораван". Очигледно је веровао да је наступајућа будућност у његово време доносила крупне и опасне промене.

Насупрот бројним ранијим „подухватима да се опише држава и друштво, књижевност, религија или философија Грка у њиховом развоју", Јегер хоће да на нов начин „прикаже повесни процес образовања грчког човека и духовно грађење идеалне људске слике Грка у њиховом узајамном деловању". Он то зове грчким изразом paideia, коме у модерним језицима, па и нашем, недостаје адекватан корелат. Paideia обележава све што се односи на одгој, на васпитање, на духовни, философски хуманистички идеал појединца и друштва, и тешко се дефинише. „Задатак историјске књиге о пајдеји мора бити да што је верније могуће опише различита значења, појавне форме и духовне слојеве грчке пајдеје у њиховој индивидуалној посебности, као и у њиховом историјском контексту", објашњава Јегер.

У овом смислу он излаже пајдеју, за коју је други, каснији, грчки термин и philanthropia, а латински humanitas, и то почев од Хомера, Хесиода и Солона, преко атинских драматичара Ајсхила, Софокла, Еурипида и Аристофана, софиста (које данас више ценимо него Јегер), па историчара (Тукидид, Ксенофонт), философа (Сократ, кога са неког разлога Јегер разматра у оквиру поглавља о четвртом веку (!), и Платона, чијем се проучавању посвећује више од трећине целе књиге) и најзад ретора (Исократ, Демостен). То укратко значи да, после Хомера, разматра грчки полис у време његовог настајања и највишег процвата у архајском и класичном периоду. Већ само набрајање обрађених личности и тема показује обим и значај ове књиге, која је сада преведена[1] и код нас. Специјалистима, наравно, и раније добро позната, Јегерова *Paideia* постала је доступна и код нас „свима онима који у борби нашег времена за опстанак наше културе, старе неколико миленија, данас поново покушавају да приђу хеленству", како је пре шездесет година намену своје књиге одредио Јегер.

„Гигантског задатка" да преведу Јегерову *Paideia* подухватиле су се две личности које су и без овога већ озбиљно задужиле нашу културу и јавност својим преводима са немачког тешких философских и књижевних наслова. У малом броју преводилаца правих зналаца немачког језика код нас данас (да ли их уопште има десет?), Олга Кострешевић (превела до стр. 128) и Дринка Гојковић (превела до краја, до стр. 578) истичу се посебно и сјајно преведеном управо овом књигом.

1993.

ТРАГЕДИЈА У ДУШАМА ГЛЕДАЛАЦА*

Ако се у нечему тзв. постмодернизам огрешио о досадашњу целокупну људску историју, то је вероватно најстојање да се умањи значај амбициозног и продубљеног размишљања о крупним и амбициозним темама и питањима. Ламентацијама наших писаца, који можда морају непосредније да се конфронтирају с искуством фрагментарног и безначајног као захтеваног стандарда, пре могу да одоле научници; било оригиналним испитивањима, било преведеним радовима који се баве такозваним великим темама књижевности, философије или науке.

Једна од таквих књига управо се, појавила захваљујући залагању и стручном раду заслужног германисте Томе Бекића, носиоца награде „Милош Н. Ђурић" за најбољи превод на српски Томаса Мана пре две године, као и слависте Мирка Чанадановића, уредника у издавачком сектору Дневника. Написана пре пола века, у предвечерје Другог светског рата, она се код нас уплиће у поново наглашено немирно време, тачније засад незаустављиви стампедо „новог светског поретка", за који неки аналитичари додуше кажу да је као „пустињски песак" (нпр. Џон Заметица), али за који изгледа нисмо још ни свесни да као жртве његовог осионог и себичног напредовања могу пасти не само мали народи (тј. малобројни), већ и велике хуманистичке идеје и идеали, једнакости, правде, доброте, истине, мудрости.

Једна од таквих великих идеја, улога човека у универзуму, обрађивана је у античкој трегедији, чију је непролазну теоријску заснованост, после бесмртних поетских остварења великих атинских драматичара 5. века пре нове ере, дао Аристотел у *Поетици*. Однос управо те Аристотелове теорије и теорије главног немачког драматичара и књижевног теоретичара 18. река Лесинга предмет је испитивања ове опсежне Комерелове студије (стр. 250)[1] о теорији трагедије. Кратковеки немачки песник, научник, критичар и преводилац, Макс Комерел (1902–1944), пријатељ и сарадник Штефана Георгеа, П. Волетерса и Х. Г. Гадамера, сам ће јасно одредити предмет свога интересовања: „Овом студијом се на првом месту жели да покаже како се Лесинг, као теоретичар трагедије, односио према Аристотеловој *Поетици*. А пошто тај „однос" према Аристотелу укључује и „однос" према Корнеју, показало се неопходним да са размотри не само тај „однос" него и Корнејев однос према Аристотелу. Уз то је аутор, коначно, морао, у оквирима својих могућности, претходно да дође до сопственог мишљења о тој *Поетици*, која се може ваљано разумети тек са становишта једног новог, свеобухватног тумачења аристотеловске филозофије" (стр. 3).

Веома инспиративна и документована излагања у овој књизи, дакле, разматрају све наведене теме, не би ли из модерног аспекта ревалоризовала делатност „славног господина Лесинга", како га зове Доситеј, преводећи, још као његов савременик, 1793. године један Лесингов младалачки комад (*Дамон*). „Оштроумни и премудри Лессинг", „велики премудрејши у нацији својој", „просвештене Германије велики просветитељ", епитети су којима Доситеј штедро обасипа овог мислиоца, који је спадао у ред оних хуманистичких и толерантно усмерених Немаца што су својој земљи некада и заувек служили на част, а на чију појаву као да данас залуд чекамо.

Иако се Лесинг код нас раније много читао и доста преводио, сада је у том интересовању наступила осека, па није ни чудно што ни тумачи Лесинга, попут Комерела, уосталом, не претерано читани ни у Немачкој (данас, на жалост, великим делом заузетој креирањем друкчијих усмерења јавног мњења), нису код нас познатији и утицајнији.

Комерелова анализа Аристотелових категорија и, сасвим модерно, термина (попут hamartia, eikos и anankaion, eleos и phobos, тј. грешке, оног што је вероватно и нужно, сажаљења и страха, и разних врста патоса) заинтересоваће, несумњиво, и оне читаоце који се не занимају превасходно за Лесинга или

Корнеја. Такође, у погледу метода књижевне анализе и интерпретације доиста далековиди немачки аутор, који је као историчар књижевности сматрао да „песници чине средиште националне повести" (Т. Бекић, стр. IX), може задовољити размишљања и песника и теоретичара код нас, заинтересованих за модерне поступке у тумачењу књижевности. Томе ће допринети и врло лепо штампана и опремљена књига (ликовни уредник Владимир Николић) нове Дневникове библиотеке Студије, ма да мало више тачности код грчког слога не би било на одмет.

Велика трагичка дела су у историји настајала само по изузетку, како изгледа: у Атини у 5. веку пре нове ере, у елизабетанској Енглеској у 16/17. веку, затим у Француској 17. века и спорадично у Европи и Америци касније, нарочито крајем 19. и почеком овог века. У теорији све су се трагедије, па и кад су се средином прошлог века „сударилe" с романом, враћале на Аристотелово полазиште. За Комерела, бит Аристотелове дефиниције трагедије утврђује се на деловању које приказана трагедија изазива у душама гледалаца (стр. 222). Ова мисао чини Комерела претечом однедавно тако популарне теорије рецепције.

1993.

УМЕТНОСТ ЈАВНЕ РЕЧИ: КВИНТИЛИЈАН

У Улмској катедрали, на месту одређеном за хор, крајем 15. века нове ере уз слике пророка приказана је и слика једне паганске личности која са хришћанством није имала никакве везе. Све што је тај човек могао знати о хришћанству највероватније је било оно што се мислило на двору римског цара Домитијана (86–96. године нове ере) на ком је он живео у великој части као учитељ царевих унука. После Нерона, цар Домитијан је био најжешћи прогонитељ припадника хришћанских секти, у Риму и у Малој Азији, зато што оне нису признавале царски култ, до кога је највишој државној власти у огромном римском царству првог века нове ере било веома стало, између осталог и у смислу главне идеолошке кохезивне силе међу тако различитим народима и земљама царства.

У хришћанском смислу, дакле, тај пагански ретор и учитељ, по имену Квинтилијан, не би спадао међу ликове који треба да се овековече у некој катедрали, да нису претходни векови, од средњег века, преко епохе хуманизма до ренесансе, придали неописиву важност његовом књижевном и стручном делу, пре тога скоро заборављеном близу цео миленијум.

Ова помало необична слава тада је припала у ствари једном уџбенику, обимној књизи о школовању говорника, чије је одабране стране, у поновљеном издању после близу две деценије, сарајевско предузеће „Веселин Маслеша" управо презентирало нашој јавности[1]. Као једно од, код нас ретких преведених дела из антике која се баве говорничком вештином, овај Квинтилијанов уџбеник, и синтеза о реторској теорији и пракси, пружа много више него што наше доба, тако запрепашћујуће ненаклоњено неговању јавне речи, у први мах може од такве књиге очекивати. Уосталом, преводилац са латинског и аутор избора из Квинтилијанове књиге Петар Пејчиновић је у свом преводу изоставио оне делове који се стриктно тичу историјата и система реторике и њених исцрпних правила и подела. Тако је он, изоставивши у потпуности књиге три, четири и пет, као и седам, представио чувену Квинтилијанову синтезу у њеном, тако рећи, мање техничком, реторском аспекту, дајући већу важност другим, књижевно-теоријским, граматичким и педагошким аспектима. Иако ће бити упутно да у следећем издању, до кога ће, сва је прилика, брзо доћи, буде преведено дело у потпуности, као и штампано уз упоредни латински текст, ради неопходних терминолошких колација, ово је веома корисно и инспиративно издање, које у много чему задовољава данашњег читаоца, чија је жеља за упознавањем античке мисли неретко у обрнутој сразмери са шантавим знањима стеченим у току редовног школовања. Савремени човек, уопште радо доживљава античку лектиру као утеху, као оазу идеалног или као спокојно прибежиште од недаћа савременог кризног света.

Квинтилијан изричито помаже оваквом схватању. За њега је говорништво „излагање онога што је добро и правично" (12, 1, 8; јер се „зао човјек и добар говорник никада не могу наћи у једној особи"). То је стара римска дефиниција идеалног говорника „као честита човека који се разуме у вештину говорења" (Катон: *vir bonus, dicendi peritus*) или философски образованог и у свему мудрог човека (Кикерон). Идеалан говорник је у ствари идеалан човек, кога треба тражити и настојати да се идеал достигне, макар то изгледало немогуће: „Нека наш говорник буде такав да се уистину може назвати мудрим човјеком. Није довољно да он буде само непорочна карактера..., он треба да овлада науком и говорном вјештином у толикој мјери какву можда до сада ниједан говорник није постигао".

Управо овако формулисаним захтевом за профилом идеалне личности која делује у јавности, јер то је синоним за говорника, Квинтилијан је имплицитно критиковао ауторитарне и тиранске личности на власти свога времена, како бисмо ми данас рекли, дајући и личним поштењем и благошћу могућност много каснијим нараштајима да се одушевљавају његовим списом и погледима. Као ретко који писац, он је изричито све сам објаснио у вези са својом књигом. Он зна да су

„уџбеници реторике по правилу сухопарни, јер се упуштају у претерана цепидлачења, слабећи и сакатећи све племените одлике стида и одузимајући духу сву животну свежину и живахност, услед чега остају голе кости, које нужно морају постојати и бити везане једина с другом, али и обложене ткивом" (I *proem.* 24). На срећу је Квинтилијан, за разлику од других писаца реторичких приручника, уврстио и поглавља о стилу, о књижевној историји, о грчкој и римској граматици, као и о основној настави и лику учитеља. Из свега што излаже у својој књизи избија не само Квинтилијаново заиста темељно познавање вишевековног и римског и грчког знања уопште, већ и поверење у човекове способности, поверење засновано на аристотеловским погледима на људску природу „којој је својствен умни рад и проналазачки дух", она *differentia specifica* за човека, као што је летење за птице или крволочност за дивље звери (I 1, 1). Управо због тога поверења у природну обдареност човека, Квинтилијан самом реторском образовању и теоријским правилима додељује секундарну важност, увиђајући наравно, њихову неопходност: „Сви дарови природе, без способног учитеља, упорног учења, без дугог и непрекидног вјежбања у писању, читању и говорном вјежбању сами по себи неће ништа користити" (I *proem.* 26). Недаровитој особи, дакле, књига о говорништву користи исто толико (мало) као неплодном земљишту књига о земљорадњи, а правим мајсторима говорништва, уза све вежбе и дар и после свег учења, људе чини њихово „срце и снага духа" (X 7,15).

Пишући овај уџбеник у својим позним годинама, на подстицај других и као утеху у личној трагедији после смрти младе жене и оба синчића, скоро век и по после славних Кикероинових књига о говорнику и говорништву, Квинтилијан је, у потпуно измењеним политичким, друштвеним, историјским и реторским условима, допринео непосредно, ревитализацији кикеронијанизма у свом времену и, посредно, огромној популарности и утицају кикероновских начела у време хуманизма и ренесансе, као и много касније, на пример у француском и немачком бароку.

Код нас читан давно, у латинским школама у прошлом веку, Квинитилијан је веома дуго чекао да буде преведен. Његов утицај на нашу књижевну мисао, сасвим могућ у време кад је читан и проучаван у оригиналу, до данас научно није испитан. Очигледно предстоји и код нас нов живот овом подстицајном делу тога скромног и честитог аутора, чија књига сумира и синтетизује знања неких тридесетак генерација античких мислилаца, стваралаца, уметника и државника на једном специфичном пољу – уметности јавне речи. Неговање јавне речи, усменог говора пре свега, у антици се, као што је познато, доста симплификовано приписује углавном потребама јавног и демократског живота грчког полиса, и, касније, римске робовласничке републике, да би, са појавом ауторитарног царског режима, почело да замире и да говорништво губи своју јавну димензију, повлачећи се у школе као елеменат личног усавршавања. У том смислу би, ваљда, „ренесанса реторике" коју већ двадесетак година најављују стручњаци у свету, уз повећано занимање публике (само у Немачкој је, на пример, за девет година објављено осам издања *Основног курса реторике* младог професора Хермана Шлитера, са више од педесет хиљада примерака!), ваљда би, дакле, то требало да указује на обновљену свест и повећане потребе људи за демократизацијом јавног живота уопште.

Реторика, међутим, није само „политички исказ", о коме се код нас сад тако радо расправља на начин који очигледно показује да је реч о замени тезе, јер се заправо ради о интересовању за политику и њену садржину чија је, често нејасна, фасада управо тај компликовани политички исказ. Такав политички језик – „нејасан зато што јасноћа поруке обавезује" (Иван Шибер у НИН-у бр. 1832) – такође је реторика, и то, ако би се могло рећи, негативна реторика. Стога, ако треба очекивати ренесансу позитивне реторике у смислу негованог израза са јасном мисаоном потком и „читљивом" поруком, није онда реч о дисциплинарној ревитализацији старинских школских схема и клишеа, већ о поновном уочавању димензије јавне одговорности. Човек се свему учи, па се може и томе учити, мора се и томе учити; реторика и њена правила само му помажу да своје особине оплемени и стави у службу јавности. Која, наравно, превасходно процењује циљеве политике, па тек онда језик у који су они упаковани.

1986.

СТАРИ ГРЦИ И ПРАВО:
РЕТОРИКА КАО ПРАВНИ ИЗВОР

Кад је око 534. године цар Јустинијан, рођен у једном селу близу данашњег Скопља, као велики византијски цар, наредио да се систематизује и изда целокупно дотле познато римско право, та се правна традиција дотле развијала више од једног миленија. Отада је, ових хиљаду петсто година, Јустинијанов *Corpus iuris civilis* основа сваког европског, па и светског права.

Све то време се некако о грчком античком праву мање бринуло, и много мање знало. Још увек се правни стручњаци разилазе у оцени да ли се уопште може говорити о јединственом грчком праву или о разноликим правима многобројних градова-држава, односно полиса. Није случајно у 4. веку пре нове ере Аристотел, као велики систематичар у многим областима, са својим сарадницима записао и проучио изгледа уставе 159 грчких полиса, од којих је до нас дошао само *Устав атински*, откривен у Египту крајем 19. века.

Наш колега, професор београдског Правног факултета, др Сима Аврамовић подухватио се, међу реткима, тешког задатка истраживања и презентације те недовољно и у свету и код нас проучене стране живота античке Грчке. Он је пошао од испитивања античке реторике као извора за наша сазнања о грчком праву, посветивши најпре пажњу водећем судском беседнику у Атини у 4. веку пре нове ере. Књига о Исајевом судском беседништву и атинском праву објављена је на српском језику у Научној књизи у Београду 1988. године, да би је крајем прошле године превела на италијански и објавила ново издање у Напуљу издавачка кућа Jovene Editore[1] у својој веома квалитетној едицији Diaphora. Између осталог, у тој су едицији изашли и радови Правне секције Светског класичног конгреса FIEC, одржаног у Квебеку у Канади, на Универзитету

Лавал, 1994. године, под насловом *Pouvoir et Imperium*. (О том скупу сам већ писала у Дневнику исте године.) Књига Симе Аврамовића у преводу Анелизе Маргетић објављена је на 294 стране под насловом *Iseo e il diritto attico*.

Један од три уредника едиције, познати италијански стручњак за правну историју Алберто Мафи, написао је предговор за студију нашег колеге, у коме истиче да је тај његов рад „più importante", јер су „судски говори главни извор за познавање атичког права у 4. веку пре нове ере". Ова нам књига омогућује, каже он даље, не само да реконструишемо црте главних институција јавног и приватног права, него и да посредством атинске судске праксе схватимо начин примене тога законодавства.

Од Канона десет атичких говорника тога времена, Исај је био највише занемарен. Код нас, додуше, ни остали нису проучавани ни превођени. Чак ни Демостенових говора немамо од времена чувених Туромановних превода пре неких девет деценија (1912).

О српском издању Аврамовићеве књиге већ сам детаљније писала у Зборнику Матице српске за књижевност и језик[2]. С. Аврамовић је критички изложио стање у науци о овим питањима, а нарочито је исцрпно проучио свих дванаест сачуваних Исајевих говора. Као добар зналац оба класична језика, он је могао те говоре проучавати у хеленском оригиналу, што је за атичке реторске наративе посебно важно. Можда можемо очекивати да ће Сима Аврамовић наћи прилику да неки Исајев говор објави и у српском преводу. Томе би требало да се придруже и други наши класични стручњаци преводећи остале сачуване реторске текстове, на пример Исократа, о коме сам ја ових година објавила више студија, и недавно у књизи *Историја наш сапутник* (КОВ 1998).

Реторика старих Атињана се у новије време уопште почиње проучавати у „новом кључу", како би рекла Сузана Зонтаг. Темељна и акрибична студија српског научника, за коју је он у Италији добио и награду Друштва за правну историју, у најбољем светлу у свету представља нашу науку, у свему равну с озбиљним токовима европске учености.

1998.

О ПРВОМ ПРАВНОМ СИСТЕМУ НА СВЕТУ: ГАЈ

Неколико великих дела светске културне баштине, чији је утицај на касније погледе и стваралаштво био, најблаже речено, пресудан, имало је заиста чудну судбину: она су сачувана потомству у облику подсетника за предавања или студентских белешки. Такав је случај био, на пример, са Аристотеловом *Поетиком* и *Реториком*, са де Сосировим *Курсом опште лингвистике*, са једним од главних извора за римско право које данас имамо, *Институцијама* правника Гаја.

За разлику од поменутих аутора, чији је живот иначе добро познат, Гајева је судбина била необичнија: прећуткиван од правних стручњака свога времена, а то је, како се данас зна, други век нове ере, он је три века касније промовисан у водећег правног теоретичара. Закон о цитирању из 426. године нове ере званично даје исту важност његовим списима као и радовима најпознатијих римских правника: Папинијана, Паула, Улпијана, који постају ауторитети обавезни за суд. Цар Јустинијан је Гајевим размишљањима о структури правног система, његовом историјском настанку, изворима и развоју и класификацији правничких појмова и законских дефиниција, поклањао посебну пажњу. Тако се догодило да је овај студентски приручник за бруцоше, како бисмо данас рекли, као основа прерађен у царске Јустинијанове *Институције*. Ова компилација правника Трибонијана и двојице сарадника првобитно је планирана да, као и Гајева књига, буде приручник за студенте, али је, истога дана кад и други Јустинијанов законски зборник, Digesta (30. децембра 533. године), постала пуноважан законски текст.

Даља судбина Гајевих *Институција*, које су биле само једно од дела овог правника, међу најплоднијим у римској правничкој традицији, била је још чуднија: непознато током многих векова, ово дело је случајно откривено у оригиналу тек пре 160 година, на једном палимпсесту у Верони. Док је римско право огромно утицало на конституисање европских права у средњем веку и у новије доба, у време феудализма и буржоаских уређења, нарочито у Немачкој, Француској, Италији и другим земљама западне Европе, један од његових најистакнутијих теоретичара и систематизатора права, творац првог правног система на свету, био је познат само под скоро рођачким називом Gaius noster. Гајево излагање римског права, одвојено по институтима, прегледно, јасно и економично, преко Јустинијанових *Институција* неизбрисиво је данас уткано у европску правничку теорију, по оцени стручњака. Овај припадник, а можда и учитељ у тзв. сабинијанској правничкој школи, иако присталица апсолутне царске власти и неограничене приватне својине робовласника, умногоме је посредно допринео конституисању норми правног поретка раних капиталистичких друштава.

Сада је и српским читаоцима доступно ово правничко дело светске правничке баштине захваљујући професору Правног факултета у Београду Обраду Станојевићу, који је и покретач и уредник Библиотеке Номос у Нолиту, у чијем је издању изашла ова Гајева књига[1]. Обрад Станојевић је постигао код нас редак успех да штампа двојезично издање, што ову књигу чини још употребљивијом за стручњаке. Права је штета што се и философске књиге, на пример, дела Платона и Аристотела, да останемо у домену антике, не штампају код нас двојезично.

Колега Обрад Станојевић је, као професор римског права, образован и у класичним језицима, обезбедио комплетан превод латинског текста и кратке коментаре, можда задржавајући местимично латинске термине и где се могао користити други еквивалент да би се лакше у тексту сналазили и други читаоци осим правника. А ова књига заиста заслужује пажњу широког круга читалаца које занимају корени данашњег света. Познат по својим инспиративним списима и смелим интерпретацијама и формулацијама, не идентификујући се по сваку цену с предметом свог научног истраживања, увек са критичком дистанцом модерног испитивача, Обрад Станојевић сматра да „повест не би ништа изгубила од хуманости ако би се осврнула и на историју патње". Док се не напише једна таква историја човечанства, за коју се он другде залаже, „историја која би била негатив досадашње, која би обухватила и оне тамне стране", професор Станојевић даје свој значајан прилог проучавању античке историје и културе код нас.

1983.

ИСТОРИЈА БЕОГРАДА НА КАМЕНУ

Ако би се могло сложити с мишљу Виктора Игоа да је Гутенбергова штампарија највећи проналазак човечанства, онда би се вероватно смело тврдити да је и проналазак писма био бар исто толико значајан. У ствари, стручњаци за најстарије писане текстове, оне који стоје на размеђи преисторије и историје, рекли би с правом да је значајнији. Јер појава писане речи додаје неслућено нову димензију археолошком споменику из било ког периода. Ако узмемо за пример археолошки сендвич или торту, како сликовито назива Гомолаву, 'свој' локалитет у Срему, мој колега професор Богдан Брукнер, сваки од заступљених слојева од неолита преко бронзаног и халштатског до латенског доба речитије би проговорио да се неким случајем уз обиље грнчарије и других артефаката појави и неки натпис.

На жалост, осим ретких посредних сведочанстава за нашу земљу у најстарије доба, аутентични натписи се појављују доста позно, грчки од четвртог века пре нове ере, а латински масовније тек у време римског надирања на балканско тле, тек при крају старе и почетком нове ере. Има, додуше, и старијих података, али они нису сачувани у виду натписа на самом терену, већ у списима и текстовима античких, грчких и римских писаца. Иако су и такви писани извори, и књижевни и они други, од непроцењиве важности за сваког истраживача најстаријих периода историје наше земље, они немају ону аутентичност и непосредност какву имају подаци уклесани на камену или исковани на новцу одређеног региона и ту пронађени, на истом месту где су можда пре два миленија постављени и остављени, *in situ*, како кажу археолози.

Ови докази 'са терена', најчешће веома шкрти у свом саопштењу, понекад једва читљиви, у рукама стручњака, пажљиво и правилно прочитани и протумачени, почињу да пружају разноврсне податке о времену свога настанка, о својим творцима, о поводу постављања споменика с тим натписом и тако даље. Индиције које они дају не односе се само на политичку историју свог времена, већ и на економске сфере живота – економску историју којој се данас указује све већа пажња, затим на културу и ниво просвећености и писмености, на знање језика и ритуала и, не на последњем месту, на ликовно-естетске могућности одређених средина и популација. Код натписа су чак и правописне грешке индикативне, јер могу указивати да античком мајстору, који је, на пример, у нашим крајевима клесао текст на латинском језику, то није био матерњи језик, већ можда грчки или неки домаћи, илирски или који други 'некласични језик'. И то је случај који се јавља не само негде у Грчкој, него управо код нас, у Београду и његовој широј околини.

Проучавању ових проблема у вези са свим натписима који су пронађени на тој територији посвећена је једна научна публикација која се недавно[1] појавила у издању Центра за епиграфику и нумизматику Философског факултета у Београду. Овим Центром руководи др Фанула Папазоглу, професор историје старог века на том факултету и члан САНУ, а не тако бројни сарадници су угледни наши и страни стручњаци, историчари, археолози и филолози. Књига о којој је овде реч објављена је на француском језику као први том публикације *Inscriptions de la Mésie Supérieure* и носи наслов *Singidunum et le Nord-Ouest de la province*. Њени су аутори професори београдског Философског факултета др Мирослава Мирковић и др Слободан Душанић. То је уједно и прва књига у серији издања Центра која треба да проуче и прикажу историју оног дела наше земље који се у антици називао Горња Мезија и који је углавном обухватао велики део данашње Србије са Косовом и Македонију.

Ова књига је посвећена натписима Београда и северозападног дела провинције, а у припреми су, неки већ и у штампи, радови са проучавања из античког Виминацијума, Тимакума, Ремесијане, Наиса, Улпијане, Скупа и тако даље, то јест Костолца, Равне, Брзе Паланке, Ниша, Грачанице и Скопља.

Горња Мезија или Moesia Superior, како је гласио њен латински назив, настала је поделом дотадашње Мезије на два дела, Горњи и Доњи, под римским царем Домитијаном године 86. нове ере. Римљани су управљали овим областима још од тридесетих година старе ере и посебно су били заинтересовани за житородне пределе доњег тока Дунава, као и за планине богате рудом. Није стога чудо што је Мезија називана житницом – *horreum Cereris*. Мезија је током историје мењала име и границе, под царевима Аурелијаном и Диоклетијаном, али се, захваљујући снажним војним гарнизонима, поготово на својим границама које су премашале дужину од хиљаду километара, и јакој романизацији, одржала дуго времена, чак упркос и најезди германских племена у доба сеобе народа. У првом реду су се дуго држала градска насеља.

Ових неколико векова, почев од цара Тиберија првих деценија првог века нове ере, заступљено је на натписима из Београда и његове околине и са територије римских рудника на планинама Рудник и Космај, што чини предмет обраде ове књиге горњомезијских натписа. Већина натписа била је позната из ранијих проучавања и издавана у разним публикацијама, почев од збирке натписа коју је за берлинску Академију наука припремао чувени историчар, добитник Нобелове награде 1902. године Теодор Момзен (Трећа свеска *Corpus inscriptionum Latinarum*), све до *Споменика* Николе Вулића, који је посебно значајан за епиграфска проучавања у нашој земљи, и других појединачних публикација. Део натписа је познат тек неколико деценија, а мањи број још није био штампан. Тако ово критичко издање садржи *све* античке натписе који су откривени на територији Горње Мезије.

Са методске стране ово издање је веома поуздано, јер су аутори поново прегледали све доступне споменике, проучили их на камену у оригиналу, не задовољавајући се постојећим фотографијама, цртежима и факсимилима. Било је, међутим, случајева кад нису били у могућности тако да поступе са једноставног разлога што је известан број раније обрађених споменика нестао, вероватно неповратно изгубљен.

Понекад је и сам опис разних 'прикљученија' натписа после њиховог откривања врло живописан. Тако је, на пример, жртвеник који је откривен 1897. године на Ђоринцу у близини Стојника, провео неко време у кући сељака Тодора Петровића у Стојнику, како бележи *Corpus inscriptionum Latinarum*, затим је стајао у дворишту школе у истом месту (према подацима Премерштајна и Вулића), да му данас више ни трага нема. Или други, вотивни натпис са жртвеника који је био уграђен у степениште куће Живка Ивановића из Стојника, данас је изгубљен, и тако даље.

Сличну судбину као ови жртвеници имале су и многе надгробне стеле, које чине у ствари најбројније споменике с епиграфским текстовима. Поред тога има нешто стубова, архитрава и камених плоча различите намене и међу споменицима из Београда и са Космаја.

Најстарији помени Београда, античког Сингидунума, додуше се не јављају на камену већ у писаним текстовима старих грчких и римских географа и писаца. Ти подаци не показују увек сасвим тачне географске представе, јер неки аутори кажу да се Сингидунум налази на Дунаву, други на Сави, док неки помињу и Драву у том контексту. Јасно је, међутим, да се град у римско време налазио у провинцији Горњој Мезији, у непосредној близини панонске границе. Ушће Саве у Дунав чинило је полазну тачку раздвајања Горње Мезије и Доње Паноније.

На тој територији налазио се римски војни гарнизон, чији настанак није довољно осветљен изворима, а његова организација није посведочена у документима пре друге деценије другог века нове ере, иако је римска власт ту била успостављена скоро век и по раније, после пораза Скордиска, који су ту били настањени вероватно од трећег века пре нове ере.

Први писани подаци о римској војсци у Сингидунуму односе се на Легију четврту Флавију, која ће ту остати до краја античке епохе и бити заступљена у натписима другог и трећег века.

О статусу града сведоче многи натписи, који Сингидунум помињу најпре као *municipium* (после цара Хадријана, то јест после 169. године), а касније као колонију, и то отприлике цео век касније (једини споменик са датумом потиче из 287. године и на њему се Београд назива колонијом). Однос домаћег, сеоског келтског становништва и становника новог римског града није могуће одредити према епиграфском материјалу, а није боље среће ни археологија, јер су антички остаци Сингидунума нестали у каснијим градњама, тако рећи на истом месту, од старог века до данас. Аутор одељка књиге посвећеног Сингидунуму, колегиница Мирослава Мирковић наглашава да је римски град био локализован недалеко од војног логора где је била стационирана легија, на Калемегдану, нека четири километра од келтских некропола. Стога она закључује да римски Сингидунум заправо није настао на самом тлу келтског села, иако носи његово име.

Остаци римских грађевина откривени су претежно у близини тог логора, између Доњег града, Улице 7. јула и Студентског трга са околином. Војни карактер овог насеља види се из више епиграфских налаза, који објашњавају и потврђују природу археолошких споменика: храмове, светилишта, терме, иако за саме *canabae legionis* у Сингидунуму нема натписа. Натписи су већином посвећени Јупитеру, који добија различите апелативе. Иако се као потписници разних вотивних натписа најчешће јављају имена војника и њихови чинови, део натписа и археолошких налаза посведочава и цивилну насеобину са неким светилиштима и жртвеницима, зградама с рибњаком и тако даље. Занимљиво је да су неки од ових налаза познати само по епиграфском сведочењу, а да им се изгубио сваки други траг.

Простор од Студентског трга до Трга Републике био је вероватно римски град у ужем смислу речи, са термама на месту нове зграде Философског факултета. Надгробни споменижи градских магистрата пронађени су на простору од Трга Републике до Булевара револуције. На једном од натписа види се да је неки старешина војног одељења званог декурија поживео свега тридесет и шест, а други опет само двадесет и пет година. Управо су потресни натписи деци која су умирала са само неколико година, а то је на појединим надгробним стелама готово једини текст, уз формулу *Dis Manibus* уз име родитеља или само оца. Један отац, који је вероватно био царски либертин а постао *augustalis* у граду – муниципијуму – Сингидунуму, користи прилику да на саркофагу свог петогодишњег синчића наведе податке о свом статусу и угледу. Једна велика плоча из Улице царице Милице словима великим до пет сантиметара саопштава намернику у виду епиграма тугу оца коме је смрт отела сваку утеху однeвши му синчића.

И тако редом, 178 споменика сачуваних из старине и обрађених у овој књизи говоре о животу и догађајима на овим нашим ветрометинама пре два миленија. Сама обрада са стручне стране управо је магистрална, као што је већ забележено у страној научној литератури. Познати италијански часопис *Epigraphica* бележи оцену свог сарадника Ђанкарла Сузинија да „ово издање спада у најсјајнија издања античких натписа", који су овде „увек приказани и коментарисани управо непогрешиво". Наша научна јавност, по обичају, спорије реагује, а ширем кругу читалаца, који би свакако постојао с обзиром на привлачност теме, тежи је приступ књизи, јер је писана на француском језику. Поред тога, ни сам текст натписа није превођен, у складу с праксом која постоји унутар те научне дисциплине. Како се, међутим, данас нагло смањује број људи који су у могућности да разумеју класичне језике, у првом реду латински, који је на натписима с овог терена претежно и заступљен, можда би било сврсисходно да је на крају додат и превод претходно стручно и подробно приказаних и коментарисаних натписа. Остала додатна обавештења добијају се из разних индекса приложених у књизи, који прегледно пружају не само слику личних и других имена заступљених на споменицима, већ и податке о римским царевима и члановима њихових породица, о војсци и њеном саставу, о провинцијалној и градској управи, о занатима и њиховој организацији, о религији, боговима и култовима, и тако даље.

Једном речи, бриљантна, а веома корисна научна публикација, која у ненаметљивој полемици доноси исправке многих, крупнијих и ситнијих тумачења и схватања у науци, чија важност превазилази значај свог почетног импулса – античких натписа са територије Београда и Шумадије.

1979.

ПОЛЕМИКА О (ЦРНОЈ) АТИНИ АФРОАЗИЈСКИ КОРЕНИ КЛАСИЧНЕ ЦИВИЛИЗАЦИЈЕ

Прошлог месеца, јуна 1998, у граду Атини, петомилионској престоници данашње Грчке, поново је постала актуална научна, и не само научна, дискусија о једној деликатној теми – античкој богињи Атини, по којој је пре скоро три миленија град и назван, кад вероватно на целој Земљи није било толико људи.

Полемика је почела пре десетак година у Америци, кад је професор историје са Корнел универзитета у Новој Енглеској објавио крајње котроверзну књигу под насловом *Black Athena. The Afroasiatic Roots of Classical Civilization*. У овој обимној књизи (близу 600 страна), на крајње провокативан начин, Мартин Бернал је покренуо питање правих корена древне хеленске цивилизације, чију су слику историјског развоја, по његовој оцени, потпуно искривили европоцентрички и расистички приступи и објашњења.

Књига је објављена 1981. године и стекла силне присталице у Америци, мање у Европи. Ми се нисмо бавили тим питањима, заокупљени својим невољама, а и због непостојања класичног часописа на српском језику све до пре неки дан, кад је, највише захваљујући подршци председника Матице српске академика Бошка Петровића, у Матици угледао светлост дана први број Зборника за класичне студије.

Далекосежност контроверзе покренуте Берналовом књигом о Црној Атини тешко је још увек проценити. Бернал се заложио да се „стари модел" хеленске цивилизације, обојен романтичким, расистичким и идеализованим приступом, замени реалнијим и објективнијим тумачењима о афричким и азијским коренима грчке античке цивилизације у целости. То се догодило у време кад је, сад већ чувени, амерички државни идеолог Френсис Фукујама прогласио *Крај историје* у данашње доба, тако да су у америчкој јавности и почетак и крај историје и цивилизације озбиљно доведени у питање.

Академске средине, које по природи спорије реагују, биле су и у Америци неко време збуњене. Класични стручњаци, углавном, нису реаговали. Светски конгрес у организацији Међународне федерације класичних студија (FIEC) у Канади, у Квебеку августа 1994. године (коме сам и ја присуствовала и објавила о њему текст у *Дневнику*) био је предвидео једну дискусију, која се није одржала.

Две године касније је професор Велесли колеџа у Масачусетсу (САД) хелениста Мери Лефковиц објавила као одговор на Берналов изазов две књиге: *Not Out of Africa* и *Black Athena Revisited*, у којима се документовано противи Берналовим афроцентристичким тврдњама.

Поводом предавања госпође Лефковиц о овим питањима у Атини 15. јуна ове године, која је била гост Онасисове фондације, Грчког хуманистичког друштва и Атинског универзитета заједно са својим супругом, чувеним енглеским хеленистом с Оксфорда, сер Хју Лојд-Џонсом, огласили су се и значајни данашњи грчки професори Т. Д. Папангели са Солунског и Јорго Бабињоти с Атинског универзитета. Они су потпуно подржали њен критички и објективан приступ у проучавањима најстарије хеленске цивилизације, за коју и даље верују да јесте колевка европске мисли и знања, а да није „Покрадена баштина", како је још 1954. године писао Џорџ Цејмс, припремајући заправо појаву Берналове *Црне Атине*.

Преиспитивање и давне историје су, наравно, увек нужна и треба да следе из нових научних сазнања. Амерички професори су посебно под лупу ставили стару атинску демократију, на пример Џосаија Обер, или Џенифер Толберт Робертс у књизи *Athens on Trial. The Antidemocratic Tradition in Western Thought*, објављеној 1994. године. Колегиницу Робертс сам упознала на Конгресу међународног друштва за историју европских идеја (ISSEI) у Утрехту у Холандији пре две године и она ми је лично касније послала своју књигу. Можда треба да споменем да је она с великим одобравањем на том Конгресу примила моје излагање о српској културној историји, коју су у много чему карактерисали толеранција и сада толико помињана мултикултуралност, што сам ја показала на примерима из нашег језика и књижевности.

Да је за боље разумевање између америчких и европских, а посебно балканских, научника потребан и користан дијалог, показује и интервју објављен у грчком листу *То Вима* од 21. јуна оне године. Танаси Лала је разговарао у америчком граду Итака, у држави Њујорк, где се налази Корнел универзитет, с професором Мартином Берналом и објавио текст на целој страни под насловом: „Кајем се због Црне Атине", како му се поверио Бернал. Неразумљиво за европске прилике, амерички професор признаје да је наслов књизи у ствари дао издавач из комерцијалних разлога!

Бернал сада тврди да он није дословно хтео да каже да су грчку цивилизацију створили црнци, нити да су Питагора, Платон и Аристотел били „крадљивци афричке мудрости и клијентела мистеријских семинара на фантомским универзитетским установама у Египту", како су буквално протумачили заговорници данашње „постмодернистичке толеранције и политичке коректности".

Да су ствари добиле у Америци озбиљне и непријатне облике сведочи међутим, професор Мери Лефковиц, која у истом грчком листу објашњава да се у многим школама у САД са црначким или другим мањинским становништвом „предају потпуно сулуде и неосноване теорије", на пример да је „Сократ био црнац и да је Аристотел покрао Александријску библиотеку", иако она није за време његовог живота била ни основана! „Често сретам студенте који одбијају да саслушају моје излагање, провоцирајући излазе из учионице или фанатично демонстрирају испред аула факултета", каже овај стручњак за грчки и латински. И то све у име афроцентризма! „Они су начули да сам ја против таквог тумачења древних култура и не читајући моје књиге", наставља др Лефковиц, објашњавајући да она не би имала ништа против тога да се прихвати постојање „бројних историјских истина", јер би се тако могло рећи да на Маратону и Саламини Грци и нису победили Персијанце!

Професор Лефковиц тумачи да се ово у Америци догађа, поред осталог, и зато што се њихови научници интересују за античке теме, али „немају довољно времена да уче грчки и латински језик", на којима су написани сви историјски извори.

Интересовање Грка за ову полемику је разумљиво, и то управо данас, када Грчка, језички и религиозно у Европској унији потпуно усамљена, а економски доста угрожена, тражи своје место у тој више мамутској него колосалној заједници, у чију мултинационалну дуговеку и срећну будућност ја лично, на основу историјских сазнања, озбиљно сумњам.

1998.

ОСНОВЕ МОДЕРНИХ ИДЕЈА О ЈЕЗИКУ

Још пре четрдесет година Гаетан Пикон у своју *Панораму савремених идеја* (1956), коју је код нас 1960. објавио Козмос у Каријатидама, није уврстио ниједан рад Фердинанда де Сосира. У то време, међутим, већ је увелико био признат значај теоријских идеја овог швајцарског професора индоевропеистике и опште лингвистике. Фердинанд де Сосир (1857–1913) своје главно дело, које наука о језику 20. века сматра својим каменом темељцем, није објавио за живота. *Курс опште лингвистике* објавили су постхумно, у току Првог светског рата 1916, његови одани ученици Шарл Бали и Албер Сеше, на основу бележака с његових предавања.

Кроз историју није било много примера да се темељна остварења неког аутора оставе потомству само на основу забележаки преданих ђака и пријатеља. Ако их и није било много, таква дела сведоче да је интелектуално поштење могуће и реално, насупрот општој корупцији и сваковрсној крађи и прекрађи. Ученици су прилежно оставили свету Аристотелову *Поетику*, код Грка, Гајеве *Институције*, код Римљана, и, ето, де Сосирову *Општу лингвистику* данас. А сваки од тих наслова је значио својеврсну револуцију у мишљењу и стварању, и спада у најделотворније људске списе.

Насупрот оволиком значају Де Сосирових концепција о језику, код нас се њим недовољно бавило. Знаменити превод нашег енциклопедисте професора Сретена Марића, с опсежним предговором, изашао је у Нолитовим Сазвежђима 1969. године. Поред неких разматрања његових погледа код наших ретких индоевропеиста и неких слависта, Де Сосира нам је највише представила исте те године Милка Ивић у првом издању своје, касније славне и у целом свету превођене, књиге *Правци у лингвистици*. „Један од највећих лингвиста свих времена био је несумњиво Швајцарац Фердинанд де Сосир" оцењује ту Милка Ивић. Заједно с Романом Јакобсоном, Де Сосир дели прво место по заступљености у цитирању у њеној књизи, далеко испред Чомског, Трубецког, Хумболта и Блумфилда. За Де Сосира је језик организовани систем са друштвеном функцијом, а испитује се на плану синхроније и дијахроније.

Колико год да су ови његови постулати, с незаобилазним питањем о произвољности језичког знака, одавно постали заједничко добро иоле образованијег човека, код нас се Де Сосиром струка није много бавила.

Недавно је професор Филозофског факултета у Новом Саду Душанка Точанац Миливојев, подсетила нашу јавност да је 1996. година била „јубиларна" за лингвистику, јер се навршило осамдесет година од првог објављивања Де Сосировог *Курса*. Најпре у циклусу на Трећем програму Радио Београда, затим у управо објављеном зимском броју сомборског часописа *Домети* (број 87, за 1996), она је презентирала низ драгоцених прилога својих и колега из света и из наше земље, о животу и раду Фердинанда де Сосира. Пре тога је објављен и њен нови превод Де Сосировог *Курса*, према критичком издању Тулија де Маура. Књига, коју ће тек требати анализирати, објављена је код Издавачке књижарнице Зорана Стојановића и добила је награду „Лаза Костић" на недавном Сајму књига у Новом Саду.

И овај број *Домета*, захваљујући нарочито упорној бризи свог главног уредника Радивоја Стоканова, показује културни значај града Лазе Костића и данас. Поред радова Душанке Точанац и Весне Половине и неких Де Сосирових текстова у преводу наших истакнутих романиста, овај часопис нам доноси и пет страних, веома занимљивих и важних лингвистичких радова о Де Сосировој науци и отвореним питањима те науке и данас.

На крају се налази користан библиографски преглед наслова југословенских аутора који су се бавили Де Сосиром на неки начин који је саставио Владан Живковић.

Важна и корисна публикација за стручњаке, али и за сваког l'honnête homme, што је. био израз кратковеког француског философа из 17. века Блеза Паскала за „човека опште културу ре" Узгред, и Паскалове *Мисли* објављене су, из забележака, постхумно. а у поузданом критичком издању тек 1938. Као ни Аристотел, ни Гај и Де Сосир, ни Блез Паскал није сам дао наслов својој књизи.

Основе модерних идеја о језику ваља увек поново испитивати, нарочито сада кад се, не сасвим разумно, почиње говорити о неком „евро-језику" којим још нико не говори.

Из разлога штедње у каси европске заједнице (наравно).

1997.

НАПОМЕНЕ

Μνήμη и ἀνάμνησις код Платона – срж његове теоријске биологије

[1] *Ethics, Psychology and Biology in the Ancient Greek Tradition*, Ancient Olympia-Pyrgos-Zacharo, 29. 7 – 3. 8. 2001. Мој реферат је имао наслов: *Μνήμη and ἀνάμνησις in Plato – Kernel of His Theoretical Biology*.

[2] Види се да нема леме *Физиологија*, иако је било одређених сазнања у тој области, в. рад Иване Гађански, *Philosopher Alcmaeon, Father of Physiology in the 6th Century BC in Greece*, Зборник радова Антика и савремени свет, Друштво за античке студије Србије, Београд, 2007, стр. 75–79.

[3] *Медицина* је посебно обрађена (стр. 1885–1891).

[4] В. Ксенија Марицки Гађански, *Хеленска глотологија пре Аристотела*, Нови Сад, Матица српска, 1975, с резимеом на енглеском језику.

[5] Београд, БИГЗ, 1983. (Велика филозофска библиотека).

[6] В. мој превод Витгенштајнових *Философских истраживања* са немачког, објављен у Нолитовој библиотеци Symposion, 1969, 1979.

[7] В. мој текст *Човек је створен да сам буде*, Летопис Матице српске, књ. 410 (1972) 123–125. уз превод са француског Моноове *Инаугуралне беседе* (исто, стр. 108–122).

Горгија о језику и разумевању

[1] И поред све множине радова за поједине језике и литературе; Бодлерова *Correspondaces* и Верлен само су најпознатији примери естетичког приступа проблему синестезије.

Белешка о хеленској реторици и глотологији

[1] Више о разним схватањима језика код Хелена в. у мојој студији *Хеленска глотологија пре Аристотела* (*Матица српска*, 1975).

Од пријатељства до сукоба: случај Светог Хијеронима и Руфина

[1] В. опширније у мојој књизи *О миту и религији*, Идеа, Београд, 2003, 83 и д.
[2] В. А. Јефтић, *Патрологија II: Источни оци и писци 4. и 5. века од Никеје до Халкидона, 325–451*, Београд, 1984.
[3] Тај грчки наслов професор Јефтић преводи перифрастично као Кутија лекарских противотрова, то јест књига против јереси. (op. cit. p. 21)

Дванаест векова трагања за врлином

[*] Карл Јоахим Класен: *Aretai и Virtues*. О вредносним представама и идеалима код Грка и Римљана. Приредила Ксенија Марицки Гађански, Београд, Службени гласник, 2008.
[1] Навод из Класеновог текста *Хомерови јунаци* у преводу Богољуба Шијаковића.
[2] Lucius Annaeus Seneca, око 4. г. пре нове ере – 65. г. нове ере, кад је извршио самоубиство по налогу цара Нерона.
[3] Милан Будимир – Мирон Флашар, *Преглед римске књижевности*. De auctoribus Romanis, Београд, 1963, 467. На српски је Сенеку преводио М. Н. Ђурић, 14 писама објављених 1944, Неда Тодорић, *О гневу*, 1959 и Албин Вилхар 1978. у едицији Матице српске Античка књижевност превод сва 124 Сенекина писма под насловом *Писмо пријатељу* (*Epistulae morales ad Lucilium*), са предговором Ксеније Атанасијевић.
[4] Јасмина Грковић ми саопштава да је за грчко *arete* старословенски превод у *Супрасаљском зборнику* из 11. века *доброта*, што и Вук наводи уз *врлина* у *Речнику* из 1818, да би то због нечега изоставио 1852. године.

Васа Вујић и рецепција антике код Срба у 19. веку

[1] Ксенија Марицки Гађански, *Глиша Лазић и „Божанствени" Платон*, Зборник за класичне студије Матице српске 1 (1998) 47–57.
[2] В. Никола Гавриловић, *Криза опстанка гимназије* у књизи: *Новосадска гимназија, 1810–1985. Настанак и развој*, Нови Сад, 1986, стр. 68 и д.
[3] Op. cit. p. 66.
[4] Op. cit. p. 56.
[5] Op. cit. p. 63.
[6] Op. cit. p. 63–64.

[7] Коста Петровић у предговору издања Вујићеве *Класичне наставе*, Сремски Карловци, 1940, стр. II, што је поновио и у својој *Историји Карловачке īимназије*.

[8] У одредници *Библиотеке Карловачке īимназије*, *Енциклопедија Југославије*, Прво издање, I (1955) 527, коју је написала Теодора Петровић професор Карловачке гимназије и мој професор у тој школи. У другом, незавршеном издању *Енциклопедије Југославије*, та одредница је скраћена, непотписана, а дародаваца књига из првог издања више нема, па ни Васе Вујића (В. *Енциклопедија Југославије*, Друго издање, I (1980) 674).

[9] Захваљујем уредништву Српског биографског речника Матице српске у Новом Саду, што ми је омогућило коришћење биографије Васе Вујића, припремљене за Речник, аутора Звонимира Голубовића.

[10] Cf. Ksenija Maricki Gadjanski, *A Future Renaisance of Classical Education – Reasons and Scope, Proceedings of the Fifth Conference of the ISSEI*, Utrecht 1996.

[11] На печату овог издања пише: Sigillum gymnasii privil ecclesie orientalis non-unitorum Carlovicensis.

[12] Васа Вујић саопштава да је о овом записнику Српског ученог друштва сазнао из Српских новина од год. 1877. Даље у белешци саопштава: „а вредно би за цело било чути предлог и мотивацију г. Ђорђевића".

У својој чувеној обимној монографији о Јовану Ђорђевићу (Нови Сад, 1964) Бошко Ковачек говори и о овом детаљу: „Године 1874, Ђорђевић је радио још на једном издавачком пројекту. То је реферат о издавању класика који је поднео Ученом друштву. Међутим, на седници Друштва, Милан Кујунџић Абердар жестоко се успротивио Ђорђевићевом плану, па он није прихваћен"(стр. 299). На жалост, аутор не излаже ништа о овом наводу.

[13] Гласник Српског ученог друштва (СУД) књ. XL (1874) на стр. 365 и д. доноси извештај Радња и стање СУД у 1873-ој години, који је секретар (Мил. Кујунџић) прочитао на годишњој скупштини 17. фебруара 1874. године. Књига XLI исте едиције (1875) на стр. 398 и д. доноси извештај истог секретара који је прочитао на главном скупу 2. јуна 1875. године. Набраја објављене књижевне радове и седнице по одсецима: три седнице одсека филолошког и филозофског, седам седница одсека јестаственичког и математичарског, четири седнице одсека историског и државног, две седнице одсека уметничког и четири седнице одбора СУД. Даје и податке о археолошким споменицима, прославама и смрти неких чланова из Београда и Загреба и друге неке наводе, али речју не помиње у извештају предлог Јована Ђорђевића о издавању класика, као да се то није ни догодило. Чудно је што су то тако прихватили и председник СУД др Ј. Шафарик и чла-

нови одбора за 1873. годину Мих. Панић, арх. Н. Дучић, Драг. Милутиновић, Мил. Ђ. Милићевић, а за 1874. годину арх. Н. Дучић, М. Ђ. Милићевић, Јов. Драгашевић и Мих. Валтровић.

[14] В. Васа Вујић, ЛМС 125 (1881) 23.

[15] В. у истом броју Зборника за класичне студије МС уводни чланак Why Classics Today, рад који нам је послао професор из Гетингена Карл Јоахим Класен, чувени научник и главни уредник часописа Gnomon (Kritische Zeitschrift für die gesamte Klassische Altertumswissenschaft). Verlag C. H. Beck, Mьnchen.

[16] 2 В. Новосадска гимназија 53; у Лугош га је био позвао 1849. бачки велики жупан Исидор Николић – Хавер (Стан. Енц. I 694).

[17] Станојевић, Енц. I 695.

[18] Бошко Ковачек високо оцењује овај Ђорђевићев Речник као „врхунски домет његовог целокупног научног рада" (op. cit. p. 335). „Грубо рачунато, појмова у Речнику има око 25.000", те по томе, Ковачек оцењује, „речник не би спадао у већа дела", али хвали „начин обраде тих појмова". С том похвалом се заиста можемо и данас сложити, уз признање да је тај речник ипак „веће дело", не само због свог обима од 1652 стране у осмини. Немамо податак у Речнику према ком је страном издању Ђорђевић можда израдио своју књигу. Професор Ковачек (op. cit. p. 336) наводи податак да Јован Ђорђевић за „састављање Речника употребио 22 дела Цицеронова, 17 Плаутових наслова, 6 Хорацијевих, 5 Овидијевих, 9 Светонијевих, 5 Тацитових" итд. То је вероватно дато према списку скраћеница на почетку Речника, али није аутоматски и доказ да је аутор лично вадио примере из тих античких дела, јер су страни издавачи већ имали сличне колекције примера. Но и то би заиста заслуживало посебно разматрање. Професор Ковачек је веома добро окарактерисао главне особине Речника и посебно је добро што је уочио значај Речника у погледу „наше лексике", наводећи као конкретан доказ то што је у најновијем Речнику САНУ коришћен као извор.

[19] Иако на крају књиге указује на погрешке у штампању (стр. 1648–1652), ова погрешка ту није исправљена.

[20] О либерализму у 19. веку, одбрањену 28. 11. 2003. на Философском факултету у Новом Саду.

[21] Андрија Стојковић, Милан Кујунџић Абердар, Матица српска, 1977, 237 стр.

[22] В. С. Жуњић, Ликови философије у средњовековној Србији, у наведеном зборнику Илије Марића О српској философији, Београд, Плато, 2003, стр. 233–266. Ово је посебно интригантно, јер је управо Доситеј тежио откривању грчке мудрости и културе! О Абердару као професору на Великој школи у Београду в. и у књизи Илије Марића, Философија на Великој школи, Београд, Плато, 2003, passim.

²³ С. Жуњић, op. cit. p. 233 n. 1.
²⁴ Андрија Стојковић Васу Вујића додуше помиње на четири места у својој књизи *Развитак философије у Срба 1804–1944*, Београд, Слово љубве, 1972, на стр. 102, 150, 189 и 193. Ту он за В. Вујића генерално каже да је „веома образовани професор класичне филологије и борац за класицизам у настави". Наводи његове узоре у психологији (стр. 102, 150) и каже да је „превео спис Чернишевског *Естетички односаји вештине ка природи* и објавио радове о хеленској баштини у Срба". Том преводу Чернишевског и примедбама Лазе Костића на питања естетике посвећени су кратки помени Васе Вујића у овој Стојковићевој књизи (стр. 189, 193).
²⁵ Михаило Б. Поповић, *Философски и научни рад Алимпија Васиљевића*, Матица српска, 1972, 140 стр.
²⁶ Васа Вујић, ЛМС 181 (1895) 144.
²⁷ Куриозитета ради, наводим да је Писаревић, који је једва поживео 42 године до 1905, био чувени аутор тада важне књижице *Борба против босанског језика*.
²⁸ Рад је резултат проучавања у оквиру научног пројекта Министарства за науку под насловом Просопографска истраживања српске науке и културе у Војводини у 19. и 20. веку.

„Жудећи за целокупном мудрошћу" (Платон)

¹ Разлика међу њима је била, по речима професора Љубомирке Кркљуш, у томе што је прво било прецедентно право, а друго базирано на римском праву.
² Александар В. Поповић, О једној *Стеријиној реминисценцији на Светонија*, Зборник Матице српске за књижевност и језик, XXXVIII/2 (1990) 259–265.
³ Преводи у рукопису и Седмици.
⁴ В. мој приказ *Реторика и антика*, Зборник Матице српске за књижевност и језик XXXVIII/2 (1990) 333–340.
⁵ Од 13 аутора, од тога пет на албанском, новијег датума.
⁶ У Летопису Матице српске 446 (1990) 320–324.
⁷ В. Душан Иванић, *Нови повратак пјесника Лукијана Мушицког*, Зборник за класичне студије Матице српске 8 (2006) 212–215.
⁸ О Стеријиној лектири писао је Љубомир Дурковић Јакшић у књизи *Историја српских библиотека 1801–1850*, Београд, 1963, затим Милан Токин у раду *Књигољубац Стерија*, Књижничар 17–18 (1956) 442–450 и Миодраг Живанов, *Стерија и библиотекарство*, у књизи *Стерија и књига*, 1981, издатој поводом 175. годишњице рођења Јова-

на Стерије Поповића, где даје и попис Стеријине библиотеке (стр. 46–50), што је очигледно недовољно.

[9] Алојз Ујес, *Стеријина позоришта у Београду (1841–1848)*, Даница, Српски народни илустровани календар, Београд, Вукова задужбина, 2005, 76–93.

[10] Ксенија Марицки Гађански, *Стерија као Гете*, у књизи *Разговор с временом*. Античке и модерне теме I, Вршац, КОВ 1995, стр. 151.

[11] Ксенија Марицки Гађански: *Φιλόκαλος είρήνη*, у књизи *Истина – око историје*. Античке и модерне теме IV, Београд, Рад 2006, стр. 113.

[12] Cf. *Стерија. Феномен времена. 1806 – 1856 – 2006*, I. Приређивач и уредник Хаци Зоран Лазин, Стеријино позорје, Нови Сад 2006, стр. 125.

[13] У дискусији на Скупу В. Јелић упућује на бољу лекцију Стеријиног рукописног израза као „угађа" (delectat).

[14] Живан Милисавац, *Савест једне епохе* – Студија о Јовану Стерији Поповићу, Матица српска, 1956, стр. 145, 150, 158, 159, 207.

[15] Ксенија Марицки Гађански: *Хиперборејска судбина или Црњански на Сицилији* у књизи: *Историја наш сапутник*. Античке и модерне теме II, Вршац, КОВ 1998, стр. 207.

[16] Амерички професор Виктор Кастелани, мој пријатељ, члан редакције Зборника за класичне студије Матице српске и угледни стручњак за античку драму, с одушевљењем је замолио да му пошаљем неки превод Стеријиног *Кир Јање*, кад смо у преписци дошли до ове теме. То му је била новост и желео је комедију да проучи и упореди с ранијим верзијама *Тврдице* у светској књижевности. А ја нисам умела ништа да му одговорим.

Естетика и античка физика код Пупина

[1] „Шта је естетика?", проширено у позиву за скуп формулацијом „Шта је естетика данас?".

[2] 20. јуна 2005. године поднела сам саопштење о хеленској философији у *Аутобиографији* Михајла Пупина на скупу посвећеном природним и математичким наукама код Срба до 1918. године (САНУ – Матица српска), у Новом Саду. Рад је у штампи.

[3] Михајло Пупин, *Са пашњака до научењака*. Превео Александар Маричић, поговор Давид Албахари, Београд, Нолит, 1989, стр. 381.

[4] Michael I. Pupin, *The Immortal Cosmic Harmony as a Scientist conceives it*, New York Times, Feb. 7, 1932, pg. XX 5.

[5] "Professor Michael I. Pupin Says the Power Age Has given Us a More Glorious Physical Life, but a Spiritual Force is Needed" каже се у најави Пупиновог чланка у Њујорк Тајмсу 7. 2. 1932.

⁶ τοῦ καλοῦ εἴδη μέγιστα τάξις καὶ συμμετρία καὶ τὸ ὡρισμένον, *Metaphys.* μ 3 107-a 36.
⁷ τὸ καλὸν ἐν τοῖς τῆς φύσεως ἔργοις καὶ ἐν τοῖς τῆς τέχνης, *Περὶ ζῴων μορίων* α 1. 639b 20.
⁸ τὸ καλὸν τέλος τῆς ἀρετῆς *Eth. Nic.* γ 10.1115b 13.
⁹ τὸ εὖ τῷ καλῶς ταὐτόν, *Eth. Nic.* ζ 11. 1143 a 16.
¹⁰ καλῶς γίγνεσθαι καὶ δικαίως *Polit.* δ 4. 1291a 41.
¹¹ καλῶς ζῆν καὶ εὐδαιμονεῖν, *Eth. Eud.* α 1. 1214a 31.
¹² τὸ κάλλιστον καὶ ἄριστον πότερον ἐν ἀρχῇ, *Metaph.*λ 7 1072b 32.

Први превод Еурипидове *Медеје* на српски и Милан Будисављевић

[1] Теодора Петровић, *Сећања*, Матица српска, Нови Сад, 1981, 179–180.

[2] *Лексикон писаца Југославије I*, Нови Сад 1972, 376–377.

[3] *Hrvatska enciklopedija*, gl. ur. dr Mate Ujević, Zagreb, Naklada Hrvatskog izdavačkog bibliografskog zavoda, 1942.

[4] Иза иницијала Ј. Д. М. стоји Јеремија Д. Митровић, аутор овог чланчића од девет редака, али не мимо евентуалне интервенције уредника *Енциклопедије*.

[5] На научном скупу „200 година класичних студија у Карловачкој гимназији", који је у мојој организацији одржан на Философском факултету у Новом Саду и у Карловачкој гимназији, 19–21. VI 1992.

[6] *Јавор*, XXII, 3, 89–93, од 1. 3. 1893; 4–5, 139–142, од 28. 3. 1893; 6, 182–185, од 15. 4. 1893.

[7] *Јавор*, 6 (1893), 182.

[8] Антон Совре (1885–1963), класични филолог, био је професор Универзитета у Љубљани и члан Словеначке академије наука. Међу многим његовим преводима са класичних језика нема Еурипида ни Медеје. *Љубљански звон* је био „Mesečnik za književnost in prosveto". У време кад пише две стране свог приказа Еурипида на српском, Совре признаје „Slovenci smo še brez njega" (стр. 763). Али за српски превод каже: „Vobče pa je prevod model, marskije smisel zvezen in skrivenćen, jezik hrapav, stil ohlapen" (стр. 764). Очигледно је да би за овако поразну оцену било кога књижевног текста аргументација морала бити заиста темељна и исцрпна, а не да се сведе на 6–7 изолованих примера, што једино наводи Совре.

[9] Не знам зашто чика Миша овај свој приказ није укључио у своју библиографију. Ту он каже: „Појимајући тежину значења и важности Еврипидове *Медеје* у светској књижевности, одлични познавалац

старогрчке и латинске књижевности г. Милан Будисављевић се латио да ту трагедију на српски преведе, и својим преводом он је испунио једну осетну празнину у нашој књижевности, која је врло оскудна у лепим преводима из старе грчке књижевности... Упоређивали смо превод с оригиналом, и морамо рећи да је овај превод потпуно успео, и он иде међу најуспелије преводе којима се југословенска књижевност поноси". Упоређујући Будисављевићев превод *Medeje* са преводом Ајсхила У. фон Виламовиц-Мелендорфа као пример метемпсихозе, тј. сељења „песникове душе у душу преводиочеву", подсећајући на преводе коломана Раца, који „не познаје српскога језика и не осећа разлике и лепоте његових", професор Ђурић закључује: „Г. Будисављевић врло добро осећа дух песника којега преводи и, уз то, познаје све тајне и лепоте српскога језика, и његов превод продужује традицију одличних наших превода. Професор Ђурић нарочито хвали превод хорских партија, што је „најлепша ствар грчких трагедија".

[10] Архидамов рат почео је априла 431. године пре нове ере.

[11] Паусанија, *Опис Хеладе* 1. Прев. Љиљана Вулићевић, Матица српска, Нови Сад, 1994, 151–153.

[12] Иако се у приручницима не наводи етимологија овог имена, Шантренов *Речник* (стр. 693) претпоставља да је израз велике старине и да је можда то микенско Medjo. Занимљиво је да у 4. веку пре нове ере натписи имају варијанту Μηδεα. што је по облику идентично с хомерским изразом μήδεα у значењу „планови, мисли". У том погледу може се повезати са грчким μήδμαι и латинским medeor medico. Ерну-Меје у свом *Речнику* (стр. 392) наводе да изведенице од ове основе често имају смисао „guérir par la magie".

Академик Милан Будимир: допринос српској, европској и светској науци

1   СЕКРЕТАРИЈАТУ ФИЛОЗОФСКО-ИСТОРИЈСКОГ ФАКУЛТЕТА

Универзитетски Савет решио је питање где је право место класичној филологији. Поновно решавање тог истог питања долази у обзир само у случају ако су искрсле нове чињенице и нове потребе на Филолошком факултету. Међутим, катедри за класичну филологију чији је колектив својевремено неколико пута решавао то питање, није познато да ли су се у овој новој школској години појавили студенти Филолошког факултета који би студирали грчки језик и књижевност.

Ова катедра ради само са оним студентима тог факултета који уче латински. То су већином романисти. Разлози са којих је ова катедра нашла своје место на Филозофско--историјском факултету изнесени су на ранијим дискусијама држаним на седницама бившег Филозофског факултета. Тада је речено да студенти класичне филологије студирају поред својих главних предмета и историју и археологију и да студенти историских наука и археологије студирају класичне језике. Нема, међутим, ниједног студента на Филилошком факултету који студира оба класична језика као што је то случај са студентима Филозофско-историјског факултета, на коме је неколико катедара заинтересовано за учење оба класична језика. Према томе решење треба тражити у оном правцу за који се се већ раније обе стране изјасниле: да се при катедри романистике, на којој се налази стручни класични филолог, створи отсек за латински језик ради потреба новолатинских група. Према новом статуту нашег факултета основаће се катедра за балканологију и то ће бити тамо где се сада налази. Та чињеница значи да су најмање четири катедре заинтересоване за то и такво место наше катедре. Други разлог који је изнесен својевремено да катедра за класичну филологију иде заједно са историјом и археологијом чисто је научне природе. Друкчија је садржина појма класична филологија но што је то код модерних филологија које зову и неофилологијама. Неофилологије се баве искључиво језицима и књижевностима, а класична обухвата целокупну антику, у првом реду њену културу, па поред језика и књижевности још класичне старине, државне и приватне, затим историју античке религије и философије, па антички фолклор и митологију, једном речи све оно што се односи на античку државу и античко друштво. Стога се данас термин класична филологија замењује савременијим термином études classiques или Altertumwissenschaft. Предлажем стога да се наша катедра зове КАТЕДРА ЗА АНТИЧКУ КУЛТУРУ. Можда би термин неофилолошки факултет још јасније истакао разлику између ова два факултета односно између науке о старини с једне стране и научне области модерних филологија с друге стране. Али без обзира на то, термин Катедра за античку културу учиниће да нестане погрешних претстава о циљу и садржини ове науке која се до сада звала класична филологија.

Шеф катедре за класичну филологију
Милан Будимир, с. р.

[2] Научни скуп „Допринос Срба из Босне и Херцеговине науци и култури" одржан је на Филосфском факултету Универзитета у Источном Сарајеву 20–21. маја 2006. године.

Homo faber : Homo loquens или Сретен Марић као глотолог

¹ Сад има пријављена магистарска теза у Новом Саду о Милошу Н. Ђурићу, а докторска о Милану Будимиру.
² Са жаљењем констатујем да се у новом издању Де Сосирове књиге на српском језику из 1996. године, у преводу групе преводилаца, уопште не помиње српски превод Сретена Марића исте књиге из 1969. године, а камоли да се пореде терминолошка решења оба издања.
³ Библиографија:
Сретен Марић, *Гласници апокалипсе*, Београд, Нолит, 1968 (Библиотека Сазвежђа 23).
Фердинанд де Сосир, *Општа лингвистика*, Београд, Нолит, 1969 (Библиотека Сазвежђа 24). Превод са француског и предговор Сретена Марића: *Сосирова лингвистика и мисао о човеку* (IX–XLI).
Ксенија Марицки Гађански, *Хеленска логопологија пре Аристотела*, Нови Сад, Матица српска, 1975.
Емил Бенвенист, *Проблеми опште лингвистике*, Београд, Нолит, 1975 (Књижевност и цивилизација). Превод са француског и поговор Сретена Марића (281–290).
Сретен Марић, *Трагедија и појам трагичног*, Летопис Матице српске, књ. 426, св. 1–2 (1980) 87–109.
Сретен Марић, *О језику и језикословљу данас*, Летопис Матице српске, књ. 429, св. 1 (1982) 35–52.
Сретен Марић, *Архајски човек и мит*, предговор преводу Мирче Елијадеа, *Свето и профано*, Нови Сад, 1986, (7–48).
Платон, *О језику и сазнању*, Београд, Рад, 1977, 1987, 1997. Избор и превод са грчког Ксенија Марицки Гађански и Иван Гађански (Реч и мисао).
Радован Поповић, *Прича о Сретену Марићу*, Нови Сад, Матица српска, 1996.

Античка филологија и лингвистика
у раним приказима Мирона Флашара

¹ *Библиографија важнијих радова Др М. Васића*, Жива антика III (1953), св. 1–2, стр. 303–307. – Са М. Сиронићем; библиографске јединице (претежно) из часописа Жива антика, Јужнословенски филолог, књ. XXII, XXIII и XXIV.
² *Хетероклитична компарација латинских придева* (Die heteroklitische Komparation der lateinischen Ajectiva), Жива антика IV (1954), св. 2, стр. 280–290; *Алубант и мотив борбе са божанством подземља* (Alybas und der Deszensuskampf), Жива антика VI (1956), св. 1, стр.

58-92); *Pathos* у спису „*О узвишеноме*" (Pathos in der Schrift „Vom Erhabenen") Жива антика VII (1957), св. 1, стр. 17-39; *Antike Gutter in „Des Drachen Kampf mit den Adlern"*, Жива антика VII (1957), св. 2, стр. 193-203.

[3] Милош Н. Ђурић, *Историја хеленске књижевности*, Београд, 1951, Жива антика IV (1954), св. 2, стр. 402-405; Годишњак I Балканолошког института Научног друштва БиХ, Сарајево 1957, Жива антика IV (1954), св. 2, стр. 296-299; Петар Лисичар, *Црна Коркира и колоније античких Грка на Јадрану*, Скопље 1951, Историјски часопис Српске академије наука VII (1957), стр, 419-422.

[4] Studii clasice I-II, Букурешт 1959-60; Жива антика XI (1962), св. 2, стр. 446-450.

[5] *Античко наслеђе у песмама Његошевим*, стр. XVI+724, дактилографисана дисертација одбрањена 22. VI 1959, Универзитетска библиотека у Београду РД 452.

[6] Paul Kretschmer, *Objektive Konjugation im Indogermanischen*, Oestereich. Akad. d. Wiss., Phil.-hist. Kl., 225/2, Wien 1947. Sitzungsber. Жива антика (1951), св. 1, стр. 158-159.

[7] Charles Bally, *Manuel d'accentuation grecque*, Berne 1945, Жива антика II (1959), св. 2, стр. 315-316.

[8] Maurice Grammont, *Phonétique du grec ancien*, Lyon 1948, Жива антика, св. 2, стр. 315-316.

[9] E. Sapir, *Selected writings in Language, Culture and Personality*, Los Angelos 1952, Жива антика III (1953), св. 1-2, стр. 298-300.

[10] Paul Kretschmer, *Hethitische Relikte im kleinasiatisch Griechisch*, Anzeiger d. Oestereich. Akad. d. Wiss., Phil.-hist. Kl. 87, Wien 1951, Жива антика I (1951), св. 2, стр. 314-315.

[11] Albert Dauzat, *L'Europe linguistique*, Paris 1953, Жива антика III (1953), св. 1-2, стр. 297-298.

[12] Études mycéniennes, *Actes du Colloque international sur les textes mycéniens*, Paris 1956, Жива антика VII (1957), св. 3, стр, 277-280.

[13] Нпр. Милан Будимир: *Грци и Пеласти*. - Београд, САНУ, 1950, CLX VII, Посебна издања; *Антика и Пеласти*, Жива антика 1 (1951); *Particulae Pelasticae*, Жива антика 1-2 (1951), 2 (1952); *Протословенски и староанадолски Индоевропљани*. - Зборник Филозофског факултета у Београду 1952; *Pelasto-slavica*, Zagreb, Rad JAZU, 1956; *Protoslavica*, Славянская филология 2 (1958) Москва.

[14] Emilia Masson, *Les douz dieux de l'immortalité*, Les Belles Lettres, Paris 1989, pp. 231+IX.

[15] Balcanica XX (1989), Београд (стр. 421-424).

[16] *Дванаест бесмртних богова* Емилије Масон. - III програм Радио Београда, 5. 9. 1991, објављен 28. 8. 1991. Дневнику, Нови Сад.

[17] В. бел. 2.

[18] Franz Dornseiff, *Kleine Schriften I; Antike und alter Orient* (Interpretationen), Leipzig 1956, Жива антика VIII (1958), св. 2, стр. 373–375.
[19] R. R. Bolgar, *The Classical Heritage and its Beneficiaries*, Cambridge 1954 (отисак 1958), Жива антика VIII (1958), св. 2, стр. 367–369.
[20] Милан Будимир, Мирон Флашар: *Преглед римске књижевности*. De auctoribus Romanis. – Београд, Завод за издавање ухбеника Народне републике Србије, 1963, стр. 687.
[21] В. бел. 3.
[22] Paul Kretschmer, *Die Danaver (Danuna) und die neuen kilikischen Funde*, Anzeiger d. Oestereich. Akad. d. Wiss., Phil.-hist. Kl. 86, Wien 1950; Жива антика I (1951), св. 1, стр. 158–159.
[23] H. Koller, *Die Mimesis in der Antike: Nachahmung, Darstellung, Ausdruck*, Bern 1954; Жива антика VII (1957), sv. 2, str, 284.
[24] Leif Bergson, *L'épithète ornamentale dans Eschyle, Sophocle et Euripide*, Lund 1956; Жива антика VII (1957), св. 2, стр. 284–285.
[25] В. и Ксенија Марицки Гађански, *Хеленска поетологија пре Аристотела*, Матица српска, Нови Сад, 1985.
[26] Horst Kusch, *Einführung in das lateinische Mittelalter*, Band I: *Dichtung*, Berlin 1957; Жива антика VIII (1958), св. 2, стр. 380–383.

Прва компаративна студија српске књижевности

[1] Разговор 21. 3. 1995. године у редакцији Просвете поводом објављивања петотомне едиције Драгише Живковића *Европски оквири српске књижевности*.

Шта знамо о Етрурцима

[1] Бранко Гавела: *Етрурци*, Београд, „Југославија", 1978.

Обликовање грчког човека: Paideia

[1] Вернер Јегер, *Paideia*. Превод с немачког Олга Кострешевић и Дринка Гојковић, Књижевна заједница, Нови Сад, 1991.

Трагедија у душама гледалаца

[1] Макс Комерел, *Лесинг и Аристотел*. Студије о теорији трагедије. Превод са немачког и предговор Томислав Бекић, Дневник, Нови Сад, 1992.

Уметност јавне речи: Квинтилијан

[1] Марко Фабије Квинтилијан, *Образовање говорника*, Сарајево, Веселин Маслеша, 1985.

Стари Грци и право: реторика као правни извор

[1] О књизи Симе Аврамовића, *Iseo e il diritto attico*, Напуљ, 1997.
[2] Књ. XXXVIII/2 за 1990. годину (стр. 334–337)

О првом правном систему на свету: Гај

[1] Гај, *Институције*. Превод са латинског и предговор Обрад Станојевић, Нолит, Београд, 1982.

Историја Београда на камену

[1] М. Мирковић – С. Душанић: *Inscriptions de la Mésie Supérieure, Vol. I: Singidunum et le Nord-Ouest de la province*, Београд 1976.

САДРЖАЈ

I

Мνήμη и ἀνάμνησις код Платона – срж његове теоријске биологије 7
Горгија о језику и разумевању 13
„Козмополитска" идеја у Атини у 4. веку пре нове ере: Исократов пример 18
Белешка о хеленској реторици и глотологији. 22
Од пријатељства до сукоба: случај Светог Хијеронима и Руфина. 27
Дванаест векова трагања за врлином 39
Apeiron – progressus in infinitum : peras 48
Верска толеранција на Балкану и природно право 54

II

Васа Вујић и рецепција антике код Срба у 19. веку 66
„Жудећи за целокупном мудрошћу" (Платон) 80
Естетика и античка физика код Пупина 87
Први превод Еурипидове *Медеје* на српски и Милан Будисављевић 92
Академик Милан Будимир: допринос српској, европској и светској науци 99
Homo faber : Homo loquens или Сретен Марић као глотолог 106
Античка филологија и лингвистика у раним приказима Мирона Флашара 114
Прва компаративна студија српске књижевности 121

III

Шта знамо о Етрурцима 127
Обликовање грчког човека: Paideia 130
Трагедија у душама гледалаца 133
Уметност јавне речи: Квинтилијан 136
Стари Грци и право: реторика као правни извор 140
О првом правном систему на свету: Гај 142
Историја Београда на камену 145
Полемика о (црној) Атини: афроазијски корени
    класичне цивилизације 151
Основе модерних идеја о језику: Де Сосир 155

Напомене 159

Ксенија Марицки Гађански • ЛОГОС МАКРОБИОС • Издавачко предузеће РАД • За издавача Симон Симоновић • Тираж 500 • Штампа Елвод-принт, Лазаревац • ISBN 978-86-09-00987-7

CIP – Каталогизација у публикацији
Народна библиотека Србије, Београд

821.14'02.09, 1(38)
821.163.41.09:821.14'02.09
821.1/.8

МАРИЦКИ ГАЂАНСКИ, Ксенија

    Логос макробиос : античке и модерне теме 6. / Ксенија Марицки Гађански ; Београд : Рад, 2008 (Лазаревац : Елвод-принт). – 176 стр. ; 20 cm. – (Колекција Печат / [Рад])

a) Грчка књижевност, античка b) Грчка философија, античка c) Српска књижевност - Грчка књижевност, античка.

ISBN 978-86-09-00987-7

COBISS.SR-ID 149968140

www.ingramcontent.com/pod-product-compliance
Lightning Source LLC
Chambersburg PA
CBHW062221080426
42734CB00010B/1972